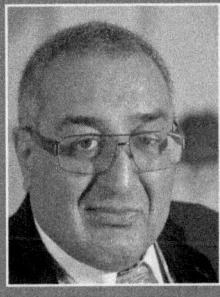

El Dr. Oscar Marcos Azar se dedica al asesoramiento legal y se especializa desde 1980 en derecho de cine.

Ha sido incluido entre las 10 personas más influyentes del cine argentino por la revista Haciendo Cine, tras la encuesta realizada en la comunidad cinematográfica, siendo referente necesario en todo análisis del desarrollo de esta industria.

Ha sido asesor en más de 500 películas argentinas e iberoamericanas. En una gran parte de ellas ha participado también como coproductor.

Diploma de honor de la Universidad de Buenos Aires, ha sido a lo largo de su actuación, Profesor Titular de Cátedra en el Doctorado en Derecho Internacional Privado, así como profesor de grado en distintas universidades privadas y nacionales, con más de 35 años en la actividad fue autor o coautor de gran parte de los decretos y reglamentaciones que hoy rigen la cinematografía argentina.

Un análisis de diagnóstico y propuestas acerca del futuro del cine argentino
y su inserción como parte indivisible del futuro del país. AADC

El Dr. Azar vislumbra que un futuro diferente es posible, que las herramientas son nuestra diversidad cultural, nuestros talentos
y creatividad, nuestra incansable voluntad de trabajo, la materia prima
de una cultura nacional vital y activa.

La oportunidad está en marcha, animémonos
a soñar y a ser mejores.

Adolfo Rodríguez Saa

CINE ARGENTINO EN EL SIGLO XXI

CINE ARGENTINO EN EL SIGLO XXI

EL INFORME AZAR

Oscar Marcos Azar

Cine Argentino en el Siglo XXI
El Informe Azar

© Azar, Oscar Marcos, 2015
© Asociación Argentina de Directores de Cine, 2015

Edición y corrección: Karina Casanova Pettigrew
Diseño de tapa y diagramación: Claudio Maiante

Impreso en la República Argentina
Editado por Asociación Argentina de Directores de Cine
Primera Edición, Buenos Aires, diciembre de 2015

A todos los que soñamos,
con un país mejor

Agradecimientos.

Quiero expresar mi agradecimiento a quienes
colaboraron con su lectura y sugerencias, en especial
a Carlos Martínez, Daniel Azar, Ezio Massa,
Gabriel González Condron y Luis Barone.

A quienes con infinita paciencia colaboraron
en la edición, corrección y diagramación,
Karina Casanova Pettigrew y Claudio Maiante.

Editado por

**ASOCIACION ARGENTINA
DE DIRECTORES DE CINE**

Fundada el 8 de septiembre de 1994 por

María Luisa Bemberg,
Leonardo Favio,
Sergio Renan,
Carlos Sorín,
Eliseo Subiela,
Fernando Ayala,
Oscar Barney Finn,
Pablo Cesar,
Raúl de la Torre,
Héctor Olivera
y Javier Torre.

Presidida por Ezio Massa

Personería Jurídica otorgada por resolución de I.G.J. Número 001111

Nota del Editor

En febrero de 2014, una asociación que aúna a productores de cine inició una acción de clase[1] en beneficio de toda la comunidad cinematográfica, con el fin de impedir que se sigan desviando los fondos del INCAA y se posibilite su recupero.

Su escrito de inicio, que circuló por los múltiples ámbitos de esta industria, hoy conocido como El Informe Azar, pasó a ser la base de diagnóstico por excelencia acerca de la administración de la política de cine en estos años.

Es, simultáneamente, un estudio profundo de la estructura de nuestro Instituto de Cine, entidad que siempre fue considerada un faro luminoso en el mundo para quien quiso diseñar políticas de desarrollo de esta industria.

Hoy, estamos convencidos que debemos compartir este documento no solo con la industria del cine –que ya lo conoce– sino con la sociedad toda.

Esta convicción nos motivó a llevar adelante esta publicación.

Pero no debemos detenernos solo en el diagnóstico sino que necesitamos avanzar en el camino a seguir. En tal sentido, le hemos solicitado al mismo autor que sintetizara sus exposiciones sobre la materia, que consideramos necesario que precedan al informe, para abrir el debate que se transforme en la esperanza del cine argentino.

Convencidos que en el siglo XXI, "Los países más exitosos [son] los que desarrollan las mejores mentes y exportan productos con mayor valor agregado"[2].

Asociación Argentina de Directores de Cine

---

[1] Causa caratulada "APRI - Asociación de Productores y Realizadores Independientes y otros c/INCAA -Instituto Nacional de Cine y Artes Audiovisuales s/cumplimiento de la ley y daños y perjuicios", expediente 961/14 que tramita por ante el Juzgado Nacional de Primera Instancia en lo Contencioso Administrativo Federal Nº 5, Secretaría Nº 9.
[2] Andrés Oppenheimer, *Crear o Morir*, Buenos Aires, 2014, p. 11.

PRÓLOGO
Por Adolfo Rodríguez Saa

Alteraré el orden natural de un prólogo refiriéndome a mi propia experiencia y a la de mi querida provincia de San Luis con la intención de mostrar, tal como lo propone el libro del Dr. Azar, que los paradigmas pueden transformarse en contundentes realidades.

Cuando yo era niño soñaba que sería lindo que en mi tierra hubiera muchas fábricas. Cuando asumí la Gobernación allá en el '83 y tuve la oportunidad, lo hice. La Ley de Promoción Industrial fue un milagro para el crecimiento de San Luis. Hombres y mujeres se sumergieron en el mundo del trabajo y cambiaron sus vidas para siempre. Los puntanos se animaron a soñar conmigo y San Luis cambió. Después vinieron las casas, las rutas, el progreso. Y a pesar de los vaivenes de la historia argentina, San Luis nunca dejó de crecer, con un pueblo esperanzado, apoyado en las leyes generadas desde el Estado pero libre de crear su destino.

El mundo siguió cambiando y nos adentramos en la Revolución Digital, en el cambio contundente que fue la aparición de la conectividad, los primeros albores de la inteligencia tecnológica, la comunicación global, que se vive hasta el presente.

Entonces volví a soñar: San Luis es muy bello, es la tierra donde nací. Ya teníamos las rutas, la infraestructura y tanta belleza… Imaginé nuevos oficios, el desarrollo de otro polo cinematográfico en nuestro país, una industria sin humo que diera a conocer nuestro potencial turístico y que brindara a nuestros jóvenes nuevas oportunidades con el valor agregado que el cumplimiento de la ley promovería la capacitación y el desarrollo de la mano de obra local. Hoy, luego de 15 años de sancionada la Ley de Cine y con políticas públicas continuadas y profundizadas por los posteriores gobiernos, San Luis ha alcanzado un nuevo estándar en la cinematografía Argentina y lo más importante, son firme testimonio la multitud de soñadores que han generado sus propias empresas, sus propias carreras, que pueden vivir y crear en su provincia, provocando más federalismo, más cultura local y nacional.

San Luis es la viva prueba que las Industrias Culturales no solo generan crecimiento económico sino nuevas oportunidades, nuevos paradigmas sociales, brindando felicidad y progreso, autoestima y amor por nuestra cultura y nuestro suelo.

En este interesante libro del Dr. Oscar Azar, sustentado en su experiencia personal como especialista de la materia, en su mirada histórica; no solo plantea, a través del informe que marcó un viraje en la industria audiovisual nacional, las aberraciones que provocan la falta de transparencia en las cuentas públicas, el desvío arbitrario de las partidas presupuestarias; también expone el daño no solo dirigido a los beneficiarios del Fondo de Fomento de la Industria, sino a la cultura toda, a la confianza natural que debe tener el soberano en sus representantes; que damnifica la intencionalidad primaria con que dicho fondo fue creado, que fue el desarrollo de la Industria Audiovisual, la creatividad y la inteligencia.

Pero el diagnóstico riguroso del problema, que efectúa de manera eficaz, también permite visualizar un porvenir esperanzador, una propuesta superadora, basada en el saneamiento de las partes y la exigencia del cumplimiento de las obligaciones, con la participación activa de los actuantes. El Dr. Azar vislumbra que un futuro diferente es posible, que las herramientas son nuestra diversidad cultural, nuestros talentos y creatividad, nuestra incansable voluntad de trabajo, la materia prima de una cultura nacional vital y activa.

La oportunidad está en marcha, animémonos a soñar y a ser mejores.

Sumario

Capítulo I

El paradigma del Siglo XXI

1. El Cine y las industrias del *copyright*[3]

A lo largo de milenios, la explotación de los recursos naturales, alimentos y minería constituyeron la base de la economía del ser humano.

A partir del siglo XVIII, es la industrialización la que encabeza el motor del crecimiento económico, siendo su desarrollo la base de la riqueza, el posicionamiento y el empleo en la economía mundial del siglo XX.

El paradigma del siglo XXI, en cambio, coloca a las industrias creativas en el primer lugar de la economía mundial y del desarrollo de las naciones.

Es el siglo de la velocidad, la tecnología y la información.

La competencia, el crecimiento y la supremacía mundial, otrora basada en el potencial del petróleo y de las industrias tradicionales, está virando velozmente hacia el predominio de las industrias del *copyright*.

2. Las industrias del *copyright* en los Estados Unidos y su contribución a la prosperidad económica

Hacia principios del siglo XXI, las industrias del *copyright* alcanzaron por primera vez el lugar más destacado en la economía estadounidense por sobre otras que predominaron en el siglo XX, tales como la industria química o la industria automotriz.

Es un proceso que se inició en los años anteriores y fue creciendo sin detenerse. Ya en 1997 las industrias del *copyright* de EE.UU. exportaron más que el total combinado de las exportaciones por concepto de automóviles, productos químicos, prendas de vestir, computadoras y aviones[4].

---

[3] A los efectos pragmáticos, nos referimos en este trabajo a las industrias del *copyright*, base de la economía mundial. Excedería el presente, internarnos en el debate y el análisis de las diferencias conceptuales existentes entre las llamadas industrias culturales, industrias del conocimiento, industrias creativas o industrias del *copyright*, utilizando estos últimos dos conceptos en forma alternativa y de similar significado. Nos explayamos un poco más sobre el tema en el Apéndice 1.

[4] Stephen E. Siwek, Copyright industries in the US economy: the 2002 report (Las industrias del *copyright* en la economía de EE.UU.: el informe de 2002), (Economists Incorporated for IIPA, 2002).

Su preponderancia para sostener el lugar y el crecimiento de la economía de los EE.UU. y su posicionamiento se refleja en los siguientes datos estadísticos:

2.1. Primera en contribución al PBI

En 2013, el valor agregado por ellas al PBI estadounidense fue de 1,9 trillones de dólares, lo que implica el 11,44% del PBI[5].

2.2. Primera en generación de empleo privado

Los empleos alcanzaron 11,2 millones, 9,85% del empleo privado total.

2.3. Primera en valor del salario

El ingreso anual promedio en ellas es de US$ 77.942. Ello excede el ingreso promedio del país en un 19%. Si tomamos solo las llamadas *"core copyright industries"*, o sea, las que se dedican esencialmente al rol creativo, el mayor salario por sobre el promedio es del 34%.

2.4. El sector de mayor crecimiento anual

Su crecimiento en el periodo quinquenal 2009/13 fue un 70% mayor al crecimiento de la economía global del país.

2.5. Primera en exportaciones

Sus exportaciones ocuparon también el primer lugar de la economía de los

---

[5] 2014 IIPA Full Report - p. 2.

EE.UU., alcanzando los 156,3 billones de dólares, superando las exportaciones de las industrias químicas (147,8 billones), aeroespacial (128,3 millones) agricultura (68,9 billones) y farmacéutica (51,6 billones)[6].

2.6. La industria cinematográfica

Del total preindicado, la industria cinematográfica genera:

1,9 millones de empleos

113 billones de dólares en salarios

Salarios 42% más altos que el promedio nacional

94.000 pequeñas empresas. El 85% de ellas, con menos de 10 trabajadores

Exporta el equivalente al 600% de los bienes que importa

16,1 billones de dólares anuales en pago de impuestos[7]

2.7. Conclusiones

... Las industrias del *copyright* de Estados Unidos han superado de forma consistente el resto de la economía de Estados Unidos, en términos de sus tasas de crecimiento real anual y sus contribuciones al crecimiento global de la economía de Estados Unidos entero. Estas industrias también comandan la contribución al PBI, empleando a millones de trabajadores estadounidenses, con una compensación que excede sustancialmente el nivel de ingresos medios de los trabajadores de EE.UU como un todo. Por último, los sectores del copyright siguen desempeñando un papel destacado en el crecimiento de las exportaciones de Estados Unidos. ... Las tasas de crecimiento real anual alcanzados tanto por el núcleo como por el total de las industrias del copyright, fueron significativamente mayores que las

---

[6] *Ibid.*
[7] MPAA, Economic Report 2014.

tasas de crecimiento exhibidas por la economía norteamericana en su conjunto[8].

3. La economía mundial hoy

Así como la revolución industrial terminó con el predominio de la actividad agropecuaria, la industria, paladín del crecimiento y liderazgo de los siglos XIX y XX, ya está dejando de ser el centro de la economía, del empleo y del desarrollo.

Conforme los datos publicados por el Banco Mundial, la participación de los distintos sectores en el PBI total de la economía actual en su conjunto es:

Servicios: 70%

Industria: 27%

Sector agropecuario: 3%[9]

Estas cifras de crecimiento del sector servicios sobre el industrial y el agropecuario, realmente impresionan.

¿Y cuál es el pronóstico en los tiempos cercanos?

Con el avance tecnológico, la nueva revolución industrial que ya se avizora y el desarrollo de la impresión 3D entre otras innovaciones, seguramente disminuirá el 27% generado por la industria.

Crecerá el 70% con el que hoy ya participan los servicios en el PBI mundial.

El desarrollo, el empleo y el bienestar se centra actualmente en lograr el crecimiento exponencial de nuestras industrias del *copyright* y de su participación en el mercado mundial.

---

[8] "The U.S. copyright industries have consistently outperformed the rest of the U.S. economy, in terms of their real annual growth rates and their contributions to the overall growth of the U.S. economy as a whole. These industries also command significant shares of U.S. gross domestic product and they employ millions of U.S. workers. In addition, the compensation paid to U.S. workers in the copyright industries consistently and substantially exceeds the average compensation level paid to U.S. workers as a whole. Finally, copyright sectors continue to play a prominent role in the growth of U.S. exports. ... the real annual growth rates achieved by both the core and total copyright industries were significantly higher than the real growth rates exhibited by the U.S. economy as a whole." IIPA, ob.cit. supra, nota 5, p. 17.

[9] Banco Mundial. 2014. Economy. 4.2. World Development Indicators. Structure of output.

No hay alternativas sustentables. El no hacerlo nos condenaría nuevamente a la postergación por décadas y por generaciones.

4. LA SITUACIÓN EN NUESTRO PAÍS

El valor agregado por las industrias culturales al PBI argentino, en 2013, fue del 4,7% del total[10].

El empleo en trabajos vinculados a la cultura del mismo año asciende al 2,94% del total[11].

Las exportaciones de bienes culturales de 2012 constituyen el 0,47% del total[12].

Las importaciones del mismo año alcanzan al 3,63% del total[13].

La balanza de comercio exterior de dicho periodo entre importaciones y exportaciones de bienes culturales es negativa en un 677%[14].

La inversión pública en cultura– año 2012– es del 0,49% del total[15].

5. Oportunidad y riesgo

La situación actual de las industrias creativas en la economía mundial implica una oportunidad y un riesgo.

---

[10] OMPI. 2014 WIPO Studies on the economic contribution of the copyright industries. P. 29

[11] Ministerio de Cultura de la Nación. Empleo Cultural. Miles de Puestos. Participación en el empleo total de la economía y crecimiento anual.

[12] Ministerio de Cultura de la Nación. Peso del Comercio Exterior en el total - Bienes Culturales: Exportaciones.

[13] Ministerio de Cultura de la Nación. Peso del Comercio Exterior en el total - Bienes Culturales: Importaciones.

[14] Ministerio de Cultura de la Nación. Peso del Comercio Exterior en el total - Bienes Culturales

[15] Ministerio de Cultura de la Nación. Gasto Público Nacional Devengado en Cultura.

5.1. Oportunidad

A diferencia de las industrias tradicionales, estas industrias requieren capital humano, talento y educación, por sobre el capital de inversión.

Y capital humano y talento es lo que tenemos en abundancia.

Es una oportunidad de crecimiento inmejorable, como nunca la tuvimos en nuestra historia.

En los últimos años, los países que han tenido políticas activas en el desarrollo de las industrias creativas han crecido en forma exponencial. Podemos señalar entre ellos a Corea del Sur, Singapur e Israel.

El crecimiento, el empleo y el bienestar estará en los pueblos que sepan posicionarse en este nuevo mundo que vemos avanzar día a día.

Si queremos que nuestros pueblos tengan salud, educación, vivienda y alimentos, que nuestros jóvenes tengan futuro en nuestros propios países y salir definitivamente del subdesarrollo en el que estamos sumergidos; si queremos realmente oír el ruido de rotas cadenas, de aquellas con las cuales nosotros mismos nos hemos enredado, debemos ser parte de la creatividad y no sus reciplendarios.

Creadores más que usuarios.

Es excelente que le proveamos una computadora a cada uno de nuestros niños y a cada uno de nuestros jóvenes.

Pero depende de lo que hagamos con ellas.

Si solo les enseñamos a utilizar las aplicaciones que otros crearon, les enseñamos a ser consumidores para el crecimiento ajeno.

Si en cambio los impulsamos, desde la infancia, a aprender a crear a partir de la PC que les entregamos, generamos la Argentina próspera del futuro.

No solo debemos darles nuevos y modernos instrumentos.

Debemos reformular nuestros sistemas de enseñanza.

En forma simultánea y no como una promesa de futuro.

Porque el futuro es hoy. Y si no lo encaminamos hoy, ¿por qué otro lo hará mañana?

Nuestra creación no debe ser satélite de las ajenas. Debe ser parte, de igual a igual del crecimiento mundial.

Hablamos de industrias que requieren más talento que capital. Y el talento nos sobra, pero como diamantes en bruto y desorganizados.

Tenemos todo para ser parte de este nuevo mundo.

No como fotógrafos que nos victimicemos retratando el crecimiento y la expansión ajenas.

No como usuarios pasivos y ayudantes desde la periferia, sino como arquitectos, expandiendo nuestra creatividad, generando un marco independiente para potenciar nuestro talento, y siendo parte de este nuevo nacimiento en la economía mundial.

Al analizar la obra de Sarmiento, independientemente de la ideología que tengamos, debemos valorar que nos dio 100 años de educación, que ya disfrutamos y estamos destrozando en una lenta agonía.

Quienes somos parte de la generación del 70 vemos cómo la nuestra fue la última que creció al amparo de esta política generada por Sarmiento.

La última que se educó mayoritariamente en escuelas públicas, primarias, secundarias y universitarias, de excelencia[16].

Una era que se inició cuando Sarmiento explicó que fue ascendido de Presidente de la Nación a Director Provincial de Escuelas, una era en que ser maestro era un orgullo, un placer, un desafío y una profesión de la cual nuestros maestros, los que tuvimos, los que conocimos, podían vivir bien y mantener una familia de clase media sin privaciones.

Necesitamos un nuevo Sarmiento que nos renueve otros 100 años de educación, partiendo de estos albores del siglo XXI.

Que implemente como nos enseñó Plutarco hace 2.000 años, que "La mente no es una vasija que pueda llenarse, sino una llama que puede encenderse".

---

[16] La noche de los bastones largos, fue el hecho simbólico que marcó el fin de esa era. En ella, el 29 de julio de 1966, la Policía Federal ingresó a distintas facultades de la Universidad de Buenos Aires destruyendo violentamente a su paso equipamiento tecnológico, laboratorios y bibliotecas universitarias. Echó a los golpes a alumnos, profesores e investigadores de los cuales cientos de ellos tuvieron que emigrar.

Que no crea que es de avanzada enseñarle a nuestros hijos a usar el *software* que diseñaron otras sociedades, sino que desde los primeros años, desde el jardín maternal, les dé las bases para innovar, para crear, para generar el propio.

Nuestros maestros no deben ser quienes enseñen a usar los navegadores o el *software* preinstalado en la PC.

Deben ser quienes generen las bases para que nuestros hijos sean creadores e innovadores en las diversas materias en que se especialicen[17].

Necesitamos, en síntesis, una nueva revolución educativa que nos permita 100 años de crecimiento humano y de prosperidad.

Que genere niños con inquietud en las ciencias y en las ingenierías. Tantos como los que formamos también en las ciencias sociales.

El paradigma del siglo XXI se desarrolla alrededor del conocimiento, de la propiedad intelectual, de las industrias del *copyright*.

Estamos a tiempo.

Si lo comprendemos, lo capitalizamos y lo implementamos, el futuro es nuestro.

5.2. Riesgo

Los riesgos están al alcance de nuestra vista.

En materia de cine, por ejemplo, los Estados Unidos participan con el 90% del mercado mundial.

90%. Una proporción inimaginable e imposible en industrias tradicionales que requieren grandes movimientos de capitales y materia prima, pero absolutamente posible en estas nuevas industrias del intelecto, cuyo capital es esencialmente inmaterial.

No es posible imaginar que un solo país, cualquiera fuera su predominio, pueda dominar, por ejemplo, el 90% de la industria automotriz. Pero es factible que domine el 90% de estas industrias cuyo movimiento masivo es solo de conocimiento e información.

---

[17] Debemos estudiar, por ejemplo, las experiencias educativas con Scratch en Ecuador y Uruguay, y avanzar en función de ello.

La oportunidad es inmensa y está al alcance de nuestras manos. Requiere políticas correctas que ordenen y valoricen el potencial que ya tenemos.

El riesgo es no hacerlo, continuar con políticas erráticas y mal encaminadas.

Y profundizar con ello una posición desventajosa en el plano del desarrollo, consolidando la postergación del empleo, de la economía, del salario y de nuestro crecimiento.

6. ¿Está el futuro en tecnificar la industria y el agro?

El agro y la industria se tecnifican y progresan.

A mayor tecnología, menor empleo.

¿Se pierden los empleos? No. Pasan al sector creativo y se multiplican con más y mejores salarios.

El problema no está en si tecnificamos o no el agro y la industria, porque no hay duda que hay que hacerlo.

El problema está en si somos importadores o exportadores de la nueva tecnología.

Hoy, las industrias creativas norteamericanas son 600% superavitarias, exportando 6 veces más que lo que importan; mientras las nuestras son 667% deficitarias.

O sea que importamos mucha más creatividad que la que exportamos. Si no giramos rápidamente, nuestro futuro en materia de empleo, inclusión, salarios y crecimiento se desvanece.

7. Una paradoja

Si Bill Gates hubiera crecido en Argentina, Microsoft no habría sido una empresa argentina. La habría desarrollado otro.

Quisiéramos pensar que se hubiera desarrollado aquí, pero todos sabemos que no es así. Y, al mismo tiempo, también debemos saber que puede ser así.

¿Y en manos de quién está? En manos nuestras.

Es una paradoja, y simultáneamente una luz que nos debe alertar.

¿Qué les pasa a nuestras políticas y a nuestro entorno?

Tenemos al Papa Francisco, a Messi y a Maradona.

A René Favaloro y a Cesar Milstein.

A la Reina Máxima.

Ganamos 2 Oscars a la mejor película extranjera.[18]

Y Zanetti, Santaolalla y Bo, también son argentinos ganadores del Oscar.

El dulce de leche, el colectivo, la birome y la caja automática son inventos argentinos.

La identificación por huella digital también lo es.

Manu Ginobili es argentino.

Y Guillermo Vilas, Gabriela Sabatini, del Potro, Gaudio y Nalbandian.

Ricardo Darin y Juan José Campanella.

El tango y Carlos Gardel.

Somos de los 10 países que hacemos esto y somos de los 5 países que hacemos esto otro.

Todo argentino se destaca cuando trabaja en el exterior.

Desde muy niños, cada uno de nosotros, vivimos estos y otros conceptos similares que nos convencen de que somos algo especial, que tenemos todo, que tenemos talento y hasta que somos los mejores. Y hasta que vamos bien, muy bien.

Pero pese a todo esto tan extraordinario, y a que nos vemos tan bien y pese a que la riqueza y el bienestar del siglo XXI están en el talento y en la creación más que en la industria y la agricultura.

¿Por qué tenemos pobreza, falta de empleo, desnutrición, mortalidad infantil, bajos ingresos, trabajo esclavo, problemas de salud y educación, nos faltan a lo largo del país servicios no del siglo XXI, sino todavía los del siglo XIX, como agua corriente, cloacas, electricidad, y gas?

---

[18] La Historia Oficial de Luis Puenzo y El Secreto de sus Ojos, de Juan José Campanella.

¿Por qué ni Microsoft, ni Google, ni Twiter, ni Facebook pudieron nacer en la Argentina?

¿Por qué el mejor destino para nuestra creatividad es formar una empresa, que alguien nos la compre y la multiplique el adquirente? ¿Por qué no ser nosotros mismos dueños, desarrolladores y beneficiarios de nuestra creación y de la que creemos con sinergia con muchos otros más?

¿Por qué vemos extraordinario criar a nuestros niños como usuarios y no como creadores? Les regalamos una PC como les regalamos un plan o un subsidio. Les enseñamos a ser usuarios y, ¿cuál es el plan para enseñarles a crear y a ser parte?

Pero si no tienen para comer, bastante que les damos una PC y les mostramos el mundo, pero ¿por qué no tienen para comer?

¿Por qué no somos arquitectos en lugar de usuarios de este nuevo mundo?

8. Un nuevo tren está pasando por nuestra puerta

Un nuevo tren está pasando y, como siempre nos ha sucedido, no nos espera. El momento es hoy.

La esencia es una sola.

Estamos a tiempo de generar Políticas de Estado claras, concretas, de corto, mediano y largo plazo, con objetivos medibles, importantes, alcanzables y superables sin límites.

Países como los Estados Unidos, que en esta materia tienen Políticas de Estado claras y consecuentes a lo largo de las décadas, están donde están.

Y países como el nuestro, que no las tenemos, estamos donde estamos.

El futuro industrial no está en promover el armado de productos sobre la base de componentes importados.

El futuro industrial está en generar la tecnología que permita fabricar en el mundo entero, mejores componentes.

El futuro no está en hacer de nuestro país un proveedor vía *outsorcing* de mano de obra inteligente, capaz y barata.

El futuro está en que los nuestros, por su creación y por su innovación, sean quienes merezcan ser la mano de obra más cara. Y que lo logremos con políticas activas. Que observando el mundo entero, la mejor retribución para nuestros técnicos y profesionales esté en nuestro país y no fuera de él.

La responsabilidad y la oportunidad son nuestras.

9. La industria cultural como posicionamiento o como motor de la economía

Debemos cuidarnos de los pensamientos que atrasan 50 y 100 años, porque nos llevan al precipicio.

¿Hay que reindustrializar el país para generar más y mejor empleo?

No. Hay que reindustrializar el país, lo cual es muy importante.

Pero, para generar más y mejor empleo, debemos desarrollar la creación.

En 1929, el Presidente Hoover dijo: "Los Estados Unidos han vendido en el mundo más refrigeradores por efecto del cine que por la propia acción de los fabricantes".

Este fue un concepto extraordinario que contribuyó a hacer grande a los EE.UU.; el desarrollo de la necesidad de ser; la protección al avance y penetración de las industrias culturales por el posicionamiento y crecimiento cultural que generan, así como la accesoriedad al crecimiento industrial.

Pero eso fue en 1929. Pensar hoy las industrias culturales solo como accesorias o de posicionamiento atrasa 100 años.

Hoy más que nunca, cobra valor el concepto que indica que "La cultura… es lo que somos, forma nuestra identidad, es un medio para fomentar el respeto y la tolerancia entre los pueblos, es un modo de crear puestos de trabajo y mejorar la vida de las personas, es una forma de incluir y entender a los demás, ayuda a preservar nuestro patrimonio y le da sentido a nuestro futuro empodera a las personas… trabaja en pro del desarrollo"[19].

---

[19] PNUD – UNESCO. Informe sobre las industrias creativas 2013, p. 9.

Hoy, además de un factor de posicionamiento, son también la base de la economía y del empleo.

Han pasado a ser de motor de la cultura, a motor de la economía.

10. La industria cinematográfica

La industria cinematográfica generó en 2014 ventas por 88,3 billones de dólares[20].

De ellos, 36,4 billones corresponden al box office[21].

De los 193 países que componen las Naciones Unidas, uno solo de ellos ha tenido una política constante y consecuente en la materia en los últimos 100 años: los EE.UU.

Han pasado en este tiempo 17 presidentes de ambos partidos. Pero la política de apoyo al cine norteamericano no se ha visto alterada por ello.

El resultado es el esperable frente a esta situación: el país que ha tenido una política de Estado constante y consecuente, concentra el 90% del mercado mundial.

Los 192 países que no la han tenido disputan el restante 10%.

11. El cine argentino

Nosotros producimos el 3% de las películas que se exhiben en el mercado mundial.

Participamos económicamente con el 0,0001 (un diezmilésimo) de su producido.

Participamos exitosamente en el mercado de los festivales.

---

[20] Statista.com. The statistics portal.
[21] MPAA. Theatrical Market Statistics. 2014, p. 4 – En la industria cinematográfica se denomina *box office* a la recaudación de boletería en salas cinematográficas.

Al final de cada año nosotros podemos contar 1, 2, 3, 4,… 80 premios, que se traducen en alegría y orgullo.

Simultáneamente, el cine dominante cuenta 1, 2, 3, 4,… 80 billones de dólares, que se traducen en alegría, orgullo, empleo, altos ingresos, alto nivel de vida, consumo y bienestar.

12. ¿Cómo llegamos a ello?

Tenemos una legislación de excelencia.

Tenemos un Instituto de Cine que está cumpliendo 58 años.

Su mayor fracaso se evidencia en el hecho que, si mañana cerrara, la producción de cine comercial pasaría a un estadio cercano a cero.

58 años sin haber sabido consolidar una industria.

58 años subsidiando la producción, sin haber construido un futuro.

58 años sin una Política de Estado que exceda el cortísimo plazo.

Sin embargo, el cine argentino tiene a su alcance un futuro promisorio.

¿Qué debemos hacer?

13. Política cinematográfica argentina - 2015
14. Diagnóstico

I.   El cine es una industria de valor agregado donde el principal capital no es el monetario sino el potencial humano.

II.   Contamos con productores, directores, actores y técnicos de altísima profesionalidad y calidad humana, que hace décadas dedicaron su vida a esta industria. Tienen la capacidad y la vocación para que volvamos a ser un país con alta incidencia en el mercado cinematográfico y audiovisual.

III. Producimos un producto de altísima demanda mundial. El mundo requiere cada vez más productos audiovisuales.

IV. Pese a ello, nuestro cine produce el 3% del cine que se exhibe en occidente y participa del mercado en un diezmilésimo por ciento.

V. El INCAA

a.   No tiene una política de producción. Se produce anárquicamente.

b.   No tiene una política de comercialización, ni nacional, ni internacional. Se aplican normas aisladas, sin un sentido organizador.

c.   No tiene estadísticas confiables. Falsea las mismas.

d.   La ausencia de políticas se evidencia al punto tal que desde la sanción de la actual ley vigente en 1994, los subsidios fijos, en lugar de decrecer en función de la consolidación de la industria, fueron pasando del 50% al 100% del costo de producción.

e.   De modo tal que, si tras 58 años de existencia el INCAA se cerrara, la producción nacional y las empresas del sector pasarían prácticamente a cero, mostrando que la política de consolidación industrial, no es que ha fracasado, sino que ni siquiera ha existido.

f.   Su actual presupuesto anual de 1.652 millones de pesos[22]– equivalentes a 172 millones de dólares –, malgastado y desviado, permite pensar en una política cinematográfica para nuestro país y, generar un nuevo camino.

g.   Sus vicios de aplicación se destacan en el informe publicado en esta obra.

15. El camino a seguir

El INCAA requiere cambios profundos:

I.   Comenzando por retornar al concepto de estadísticas confiables, que brinden por separado los datos de películas de largometraje de ficción para exhibición en salas, y documentales y telefilms para TV. Contando con estadísticas de venta internacional, como exige la ley.

II.   Generando una política orientada a enaltecer la producción, sabiendo qué se produce y con qué objetivo.

---

[22] INCAA – Presupuesto noviembre 2015.

III. Generando una política de exhibición y comercialización, que termine con el actual abandono en la materia y permita a nuestro cine participar del mercado nacional e internacional poniendo en valor la producción nacional.

IV. Coordinando las políticas de producción y exhibición con los regímenes provinciales de fomento.

V. En materia de comercialización, el cine argentino debe volver a ser una industria rentable como lo fue en el pasado. Con una política de largo plazo que pueda generar ingresos por sí, independientemente de los subsidios que reciba.

VI. Generar de tal modo empresas productoras estables que paulatinamente se auto sustenten.

VII. Generar poco a poco un crecimiento de nuestro cine en el mercado interno, con políticas que incentiven la demanda del espectador argentino y orienten la producción de nuestro cine hacia las expectativas de nuestros espectadores. Nuestro pueblo debe ser el primer consumidor de nuestro cine.

VIII. Simultáneamente, participar en una política creciente del mercado internacional.

Hoy tenemos concentrada la demanda y dispersa la oferta. Con una política adecuada, es posible revertir esto radicalmente, concentrando la oferta de cine argentino y ampliando los sectores de su demanda.

Ello solo, generará un cambio profundo en nuestra participación en los mercados internacionales.

IX. Tender a la consolidación de una industria con inversión pública-privada.

La inversión de capital actual en cine argentino, se basa en:

- La inversión pública del INCAA

- La inversión pública regional

- La inversión pública de programas multilaterales

- La inversión pública de mecenazgo nacional o extranjero

- La inversión pública de terceros estados canalizada a través de regímenes de coproducción.

O sea, inversión pública, más pública, más pública, más pública.

Ante la ausencia de mercado, le sumamos el aporte privado de esfuerzo y trabajo, que siempre estamos dispuestos a invertir. Lo que no debemos es engañarnos como se hace habitualmente en llamar "inversión privada" a aquella que solo se recupera con inversión pública nacional, externa o de programas u organismos multilaterales.

X. En función de todo ello, se necesita consolidar al sector, especialmente en cuanto a las pymes de capital nacional, que partan del actual sistema que las atrapa en su red y vayan liberándose poco a poco, a partir de un crecimiento que acompañe las políticas de estado en la materia, de modo tal que cada día que pasa, las pymes del sector sean un poco menos dependientes del INCAA.

Que si hoy dependen en un 100%, en un año sea en un 99%, al siguiente en un 98% y así sucesivamente.

Requiere políticas activas, específicas y mensurables con tales objetivos, con seguimiento adecuado y acompañadas de estadísticas serias.

Si logramos ello, nos sorprenderemos cuando nuestras pymes logren por si solas un salto mayor en su crecimiento, y sean competitivas por sí mismas, en los más exigentes mercados internacionales."

XI. Sin modificaciones que las ahoguen, sino con avances pequeños, paulatinos[23], pero mensurables.

15.1. Desde el punto de vista estructural

XII. El sistema de desvío de fondos descripto en el trabajo que hoy se publica se ha convertido en estructural. Si no se modifica de raíz, una política de continuidad inercial solo llevará a multiplicarlo.

A su vez, la ausencia de una política de largo plazo ha generado que todo el sistema burocrático, desde la presentación de un proyecto hasta sus etapas de

---

[23] Maíz por maíz se va comiendo el maizal, solía decir el Presidente Perón.

producción y comercialización, se haya convertido en un proceso de ficción, en el cual poco tiene que ver lo que se requiere, se presenta y se escribe, con la realidad productiva, ni con ningún objetivo real de política cinematográfica.

15.2. Los Planes de Fomento

XIII. A partir de 2004, se dio en llamar Planes de Fomento o, inclusive, en algunos casos con denominaciones más llamativas, como Políticas de Estado, a las propuestas y/o resoluciones que se limitan a determinar un aumento del costo medio, de los subsidios, alguna participación corporativa mayor en la selección de proyectos y algún pedido de mayor inversión pública vía desgravación directa o de mecenazgo.

Año a año, vemos rearmar estas mismas propuestas que no conducen a nada nuevo.

Un verdadero Plan de Fomento o una real política de Estado debe trabajar sobre los puntos ya expuestos, para avanzar en lograr un sector productivo sólido, con avances mensurables, de modo de contar paso a paso con una industria cinematográfica autosuficiente.

15.3. Síntesis

XIV. El cine argentino no puede seguir siendo un buen cine pobre. Deben generarse las políticas para que sea un muy buen cine de calidad internacional con fuerte presencia en nuestro público y en todos los mercados internacionales.

El potencial es enorme.

Necesitamos diseñar e implementar una política clara.

Debemos tener una política de comercialización, central, real, concreta y efectiva.

Producimos un producto (el audiovisual) que cada día es más consumido en el mundo en múltiples formatos.

O sea, con altísima demanda.

Podemos hacerlo con el primer nivel de calidad mundial.

Debemos ocuparnos de hacerlo valer, teniendo presente que un país sin cine, es un país invisible.

16. Conclusiones

Tenemos delante de nosotros el camino al crecimiento, al empleo, al mayor nivel de vida y a la prosperidad para nosotros, para nuestros hijos y para los hijos de nuestros hijos.

Si no modificamos el rumbo muy rápidamente, seremos solo espectadores del crecimiento ajeno.

Porque nadie logra lo que no se propone. Y es imposible llegar a algún lugar, sin tomar previamente la ruta adecuada.

Capítulo II

El informe Azar

El Informe Azar

Constituido por el escrito de inicio de la acción de clase[24] que generó un antes y un después en la industria cinematográfica argentina.

Lo transcribimos a continuación:

PROMUEVE DEMANDA

Señor Juez:

Oscar Marcos Azar, abogado (To. 22 Fo. 318 C.P.A.C.F.), constituyendo domicilio en José Superí 1439 (Estudio Azar), en los autos caratulados "APRI - Asociación de Productores y Realizadores Independientes y otros c/INCAA - Instituto Nacional de Cine y Artes Audiovisuales s/cumplimiento de la ley y daños y perjuicios", a V.S. me presento y respetuosamente digo:

1. PERSONERÍA

Tal como surge del poder que en copia adjunto, soy apoderado de la Asociación de Productores y Realizadores Independientes (APRI) con domicilio en Av. de Mayo 1209 4° G Buenos Aires, contando con facultades suficientes para actuar en la presente causa.

Me presento también conforme testimonio de poder, en mi calidad de apoderado de los productores de cine que detallo en el parágrafo 2.2.7.2.

---

[24] Causa caratulada "APRI -Asociación de Productores y Realizadores Independientes y otros c/INCAA-Instituto Nacional de Cine y Artes Audiovisuales s/cumplimiento de la ley y daños y perjuicios", expediente 961/14 que tramita por ante el Juzgado Nacional de Primera Instancia en lo Contencioso Administrativo Federal N° 5, Secretaría N° 9.

2. OBJETO

En tal carácter, y siguiendo expresas instrucciones de mis mandantes, vengo en legal tiempo y forma, a iniciar demanda contra el Instituto Nacional de Cine y Artes Audiovisuales – INCAA, con domicilio en Lima 319 Buenos Aires, y contra los funcionarios responsables que se detallan en el parágrafo 2.2.8.2 en los términos del art. 1112 del Código Civil, por cumplimiento de la ley y reparación de los daños y perjuicios colectivos y homogéneos causados a los reclamantes por los incumplimientos habidos, en la medida del reclamo que surge de estas actuaciones, consistentes esencialmente en el reintegro al Fondo de Fomento Cinematográfico de los fondos desviados del mismo, solicitando que oportunamente se haga lugar a la demanda, con expresa imposición de costas.

2.1. Sobre las normas cuyo cumplimiento requerimos

Nos remitimos al cuerpo de este escrito y en especial al capítulo sexto, donde se enumeran y detallan las normas de la ley 17741 y del Decreto 1536/02, cuyo pedido de cumplimiento integra el objeto de esta demanda.

2.2. Acerca de los montos desviados con incumplimiento de la ley

Sobre el desvío de fondos y su magnitud

El INCAA, en forma independiente a las facultades de disposición sobre su propio patrimonio, es el Administrador de un Fondo de Afectación Específica que la ley define como el "Fondo de Fomento Cinematográfico", cuya administración en favor de sus beneficiarios y con miras en el bien común, el legislador le ha confiado[25].

---

[25] Julio Raffo, *La Película Cinematográfica y el Video*, Buenos Aires, Abeledo Perrot, 1998, Cap. XII p. 187. "La administración del mismo está confiada al INCAA por disposición del artículo 24 de la LC y, en especial esa administración constituye una atribución y un deber del Director Nacional de Cine y Artes Audiovisuales, según la disposición del inciso e) del artículo 2º de esa ley".

2.2.1 Actuación contraria a la ley

Está defraudando tal deber desviando los fondos que se pusieron a su cuidado, actuando como si la ley no existiera y al margen de toda sujeción a las normas vigentes.

2.2.2. Cambio de destino

Lo hace en forma discrecional y a su sola voluntad, malversando los dineros que lo componen, dándole a los mismos una aplicación distinta a aquella destinada por la propia ley que le ordena ocuparse de su administración.

2.2.3. Conductas sincronizadas hacia el fin ilegal

Este desvío se ha ejecutado en forma organizada y sistemática, y se ha generado a través de conductas sincronizadas de distintos funcionarios encaminadas hacia el mismo fin, tal como evidenciaremos en estas actuaciones.

2.2.4. Magnitud

La malversación, aplicando los fondos a destinos y partidas distintas de las claramente determinadas por la ley, ha llegado a la magnitud que se aprecia en el gráfico siguiente.

2.2.5. Cuadro 1 – Destino de los Fondos Administrados

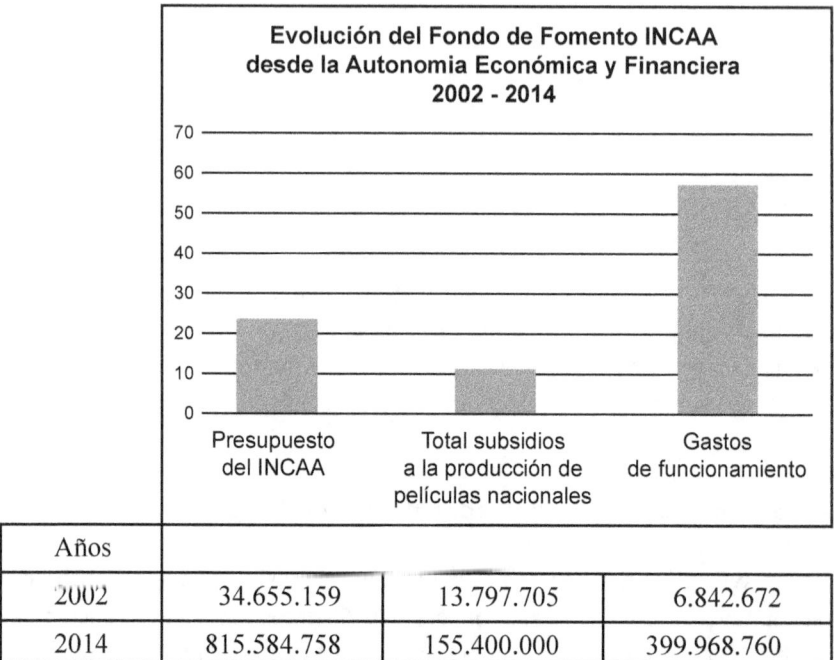

Años	Presupuesto del INCAA	Total subsidios a la producción de películas nacionales	Gastos de funcionamiento
2002	34.655.159	13.797.705	6.842.672
2014	815.584.758	155.400.000	399.968.760

Los datos del presupuesto 2002 fueron tomados del presupuesto efectivamente comprometido y ejecutado en su momento informado por el INCAA y los del presupuesto 2014 fueron tomados de las planillas de ejecución presupuestaria emitidas por el INCAA en los primeros días del año.

Lo que evidencia este cuadro es cómo disminuyen los fondos destinados a subsidios a la producción de películas nacionales (partida 5192049), destino esencial del Fondo de Fomento Cinematográfico, y cómo han crecido en una proporción desmedida los gastos de funcionamiento (partidas 100 a 400). En un nivel que implica, como veremos a lo largo de este escrito, violación de la ley y de la confianza brindada al organismo al confiársele la administración de dicho fondo.

2.2.6. Del monto desviado cuyo reintegro al Fondo de Fomento Cinematográfico se solicita

Cumpliendo el imperativo legal, indicamos que la estimación a la fecha del monto desviado de su destino legal, cuyo reintegro solicitamos, asciende a la suma de un mil treinta y cinco millones, novecientos nueve mil quinientos setenta y cinco pesos con noventa y dos centavos ($ 1.035.909.575,92), o lo que en más o en menos surja de estas actuaciones, todo ello conforme se detalla en los capítulos posteriores del presente.

2.2.7. Parte actora. Legitimación activa

2.2.7.1. APRI

APRI es una asociación civil sin fines de lucro, integrada por productores cinematográficos cuyo accionar está signado por el amor al cine con independencia de las particulares convicciones políticas de sus integrantes, formando parte de su objeto la misión de canalizar en forma orgánica las inquietudes y propuestas relativas a toda cuestión vinculada al quehacer cinematográfico. En este sentido, la Asamblea de la Asociación celebrada el 30 de enero pasado, ante la consideración de que están siendo afectados derechos de incidencia colectiva en perjuicio de la producción cinematográfica y que APRI es una asociación civil que propende a canalizar las afectaciones a esos fines, resolvió el inicio de esta demanda, encomendando al suscrito efectivizar la presentación, y confiriendo el poder general que presentamos, con las facultades necesarias a tal efecto.

Su legitimación surge de las disposiciones del Art. 43 de la Constitución Nacional y fallos concordantes de la Corte Suprema de Justicia de la Nación, que consideran a dicha norma directamente operativa[26].

---

[26] CSJN 332:111, Sentencia del 24 de febrero de 2009, dictada en el caso "Halabi, Ernesto c/ P.E.N.".

2.2.7.2. PRODUCTORES

Los restantes reclamantes son beneficiarios del Fondo de Fomento Cinemato-gráfico, en este caso, productores de cine cuyos fondos están siendo desvia-dos del destino legal, por parte de sus administradores.

Tienen perjuicio directo por tales desvíos, teniendo legitimación activa tanto para reclamar el cumplimiento de la ley en cuanto a la administración del fondo de afectación específica del cual son beneficiarios, como para peticio-nar la reparación correspondiente.

Tratándose de una demanda colectiva (acción de clase) y a fin de evitar toda duda sobre la legitimación para el inicio de la misma, comparezco en este acto también en nombre y representación de uno de los productores afectados que también firma junto al suscripto, Luis María Leoncio Barone, con domi-cilio en José Martí 565, Tigre, provincia de Buenos Aires, contando con facultades suficientes conforme poder en copia adjunto, sin perjuicio de:

La comparencia, adhesión y presentación por parte de todas aquellas perso-nas físicas o jurídicas que pudieran tener un interés en constituirse como parte en el resultado del presente.

El deber de arbitrar en el caso un procedimiento apto para garantizar la adecuada notificación de todas aquellas personas que pudieran tener un interés en el resultado de la presente acción, de manera de asegurarles tanto la alternativa de optar por quedar fuera de ella como la de comparecer en la causa. Es menester, por lo demás, que se implementen adecuadas medidas de publicidad orientadas a evitar la multiplicación o superposición de procesos colectivos con un mismo objeto a fin de aventar el peligro de que se dicten Sentencias disímiles o contradictorias sobre idénticos puntos.

El INCAA tiene noticia exacta de los datos de los beneficiarios afectados y de las Asociaciones que los representan, debiendo en su momento suministrar los datos pertinentes que surgen del Registro Público de la Actividad Cine-matográfica y Audiovisual a su cargo conforme art. 57 de la ley 17741 modi-ficado por el art. 79 de la ley 26784, a fin de notificarlos por la vía que se considere más adecuada, sugiriendo se lo haga a través de la notificación a la totalidad de las Asociaciones que representan al sector de la producción de cine, así como a los restantes sectores beneficiarios del Fondo de Fomento Cinematográfico.

Ellos son los distribuidores[27], los exhibidores[28] y los laboratorios cinematográficos nacionales[29].

Se trata por la naturaleza de la demanda, de una acción de clase iniciada en los términos previstos por nuestra Corte Suprema[30] en el sentido de la operatividad de los derechos prescriptos por el art. 43 de la Constitución Nacional, receptando la acción de clase, aún no reglamentada por el Congreso de la Nación, indicando que la mora legislativa no afecta la implementación de los derechos, operatividad ya receptada por la Sala II de la Cámara Nacional de Apelaciones en lo Contencioso Administrativo Federal, en la misma causa en la sentencia que la Corte, con amplios y precisos fundamentos, ha confirmado.

2.2.8. Parte demandada. Legitimación pasiva

2.2.8.1 INCAA

Demandamos al INCAA, ente público no estatal, en su carácter de administrador del Fondo de Fomento Cinematográfico.

2.2.8.2 Obligados solidarios. Art. 1112 del Código Civil

Responsables por acción y responsables por omisión

Reclamamos la responsabilidad patrimonial en los términos del art. 1112 citado, respecto de los funcionarios que se detallarán.

---

[27] Ley 17741, art. 47 inc. c.

[28] Ley 17741, art. 33.

[29] Ley 17741, art. 37 inc. b.

[30] Caso "Halabi" ya citado CSJN 332:111.

Dicha responsabilidad es solidaria conforme art. 1109 y concordantes del Código Civil, amén de la responsabilidad concurrente del INCAA y de las acciones de regreso que puedan corresponder[31].

Conforme ello, demandamos en este acto en forma solidaria a los funcionarios/as del ente en el período, que por acción u omisión son responsables de los actos viciados cuyos datos suministramos a continuación y a los funcionarios/as responsables del control interno, cuyos datos se individualizarán previo oficio al ente para obtener los datos personales de los mismos.

Si bien tenemos presente que todo funcionario tiene el derecho de examen de las órdenes que se le imparten, y que tal derecho debe extenderse no solo a la legalidad formal de los actos, sino también a la legalidad material[32], demandamos a aquellos funcionarios que siendo participes de los hechos que hacen a esta demanda, tuvieron o tienen participación directa en su decisión y/o implementación y/o falta de control, y el rol funcional adecuado para ello.

En tal sentido, demandamos a:

i.… En su carácter de responsable directa de la implementación de los hechos que dan origen a esta demanda.

ii. … En su carácter de partícipe necesaria en los mismos hechos, ya que la política que implementó de desconocimiento de costos, sostenida hasta los más altos grados de ilegalidad, es la columna vertebral que posibilita el desvío de fondos, objeto de esta demanda.

iii. A quienes, a cargo del control interno del INCAA, cuyos datos se individualizarán, omitieron cumplir sus obligaciones, posibilitando de tal modo estos actos continuados.

Con la máxima prudencia que nos es posible y con relación a los funcionarios ejecutivos, hemos limitado la petición de responsabilidad solidaria exclusivamente a las funcionarias respecto de las cuales no existe duda alguna de su

---

[31] Ramón D. Pizarro, *Responsabilidad patrimonial del funcionario público*, parag. 8, en: *Revista Jurídica de Daños N° 1*, noviembre 2011; Oscar Álvaro Cuadros, *Responsabilidad del Estado*, Buenos Aires, Abeledo Perrot, 2008, p. 288; Alejandro Nieto, *Responsabilidad personal y responsabilidad institucional de la Administración Pública*, en: Juan Carlos Cassagne, *Responsabilidad del Estado*, Universidad de Buenos Aires, Rubinzal Culzoni Editores, 2008, p. 151 y ss., en esp. p. 156.

[32] Miguel S. Marienhoff, *Tratado de Derecho Administrativo*, Buenos Aires, Abeledo Perrot, 2ª. Ed. Actualizada, Tomo III – B, p. 232. Parag. 941.

participación, y sin perjuicio de las ampliaciones a que hubiera lugar.

Con relación a los funcionarios a cargo de las labores de control interno del ente, y sin perjuicio de las limitaciones que en lo sucesivo corresponda, no contando en este acto con los datos personales de ellos, solicitamos se libre oficio al INCAA a fin que suministre a estos actuados sus datos personales.

A su vez, limitamos el monto del reclamo con relación a todos ellos respecto a los hechos correspondientes al tiempo en que ejercieron, ejercen y/o ejerzan en lo sucesivo los cargos vinculados a los hechos que sustentan esta demanda, conforme surja de las pericias a realizarse en autos.

2.2.9. Reclamo administrativo previo

Siendo el demandado un ente público no estatal y ante las previsiones del art. 30 de la ley 19549, que limita el mismo al Estado Nacional y a sus entidades autárquicas; y art. 32 inciso b) de la misma ley, que excluye las acciones de esta naturaleza, no corresponde el reclamo administrativo previo, en el caso de autos[33].

3. HECHOS

3.1. Consecuencias del desvío de fondos

Nunca podemos considerar ni justa ni correcta la violación de la ley. Tampoco podemos considerarla así cuando la misma implica administración infiel de los fondos confiados.

---

[33] Roberto Enrique Luqui, *Revisión Judicial de la actividad administrativa*. Buenos Aires, Astrea, 2005, p. 136 y ss. Agustín Gordillo, *Tratado de Derecho Administrativo*, Buenos Aires, IJ Editores, 2006, cap. XII, parag. 6.

3.1.1. ¿Qué es lo que se está haciendo?

Lo que se está haciendo es desviar los fondos que la ley asigna a la producción, con el consiguiente beneficio en la creación de valor agregado, empleo y movimiento de la economía hacia partidas improductivas de gasto que, si bien aumentan el empleo público burocrático del INCAA, no es ni el destino que la ley le da, ni el empleo motor de la economía que implica la producción.

La industria cinematográfica, como toda industria cultural, aparte de sus efectos económicos benignos para la sociedad y de la riqueza económica que surge de su actividad en sí misma, genera también una riqueza social que se retroalimenta y que el legislador decidió que debe existir y sostenerse.

Promueve integración, despertar de sentidos e imaginarios sociales, contribuye en la conformación y difusión de nuestra propia identidad. A través de su interacción social se producen procesos de pensamiento, imaginación y percepción que la ley protege porque las considera positivas para nuestra sociedad.

Sabido es que genera también un impacto económico superior al de otros sectores económicos, lo que en países centrales como los EE.UU. ha llevado a mantener una política sostenida de protección en los últimos 100 años, sin variar, pese a que han pasado ya 25 períodos presidenciales de ambos partidos políticos allí predominantes.

Genera también impactos económicos y sociales de largo plazo, como es el caso del aprendizaje o del conocimiento que produce, contribuyendo al crecimiento cultural de los ciudadanos y económico global del país.

El siguiente cuadro nos da una primera noción de lo que implica la movilización económica inmediata generada por la cadena de valor productiva de la industria cinematográfica, sin contar ni las conexas y futuras ni el empleo directo que genera en directores, guionistas, técnicos, extras y actores, profesionales, administrativos, y múltiples proveedores directos de la industria, tales como catering, movilidad, locaciones, entre tantos otros.

3.1.2. Cuadro 2. Industria cinematográfica. Cadena de valor

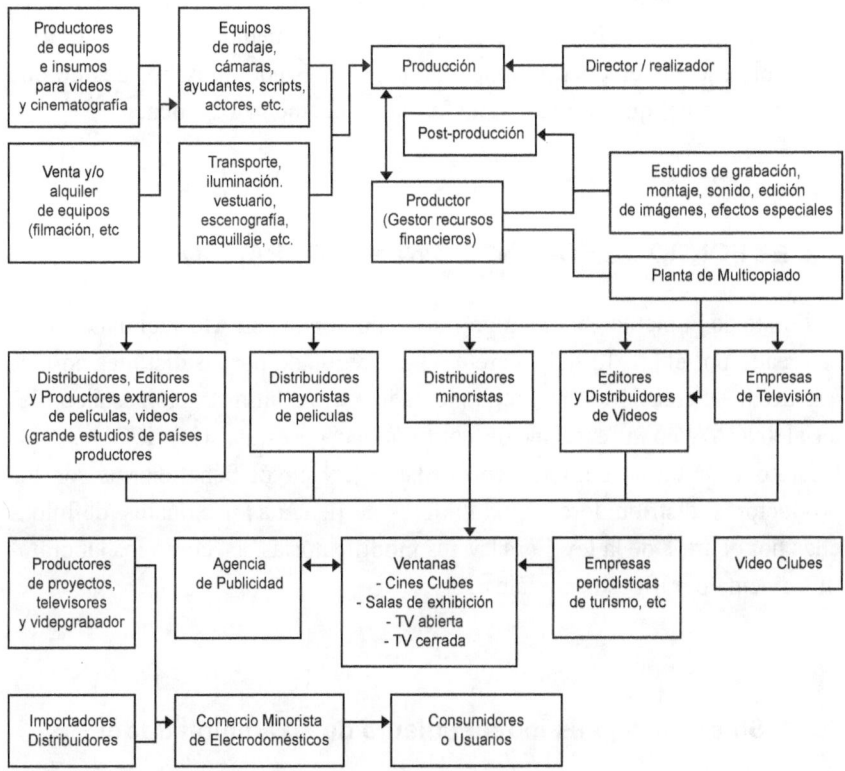

Fuente: Elaborado por el E y C, CAB, con base en la metodología propuesta en "La cultura es capital (entre la creación y el negocio: economía y cultura en Uruguay)", Graciela Lescano; Luís Stolovich; José Mourelle; Rita Pessano; Editorial Fin de Siglo.

3.1.3. El desvío es nocivo para la sociedad y el bien común

El desvío de los fondos que el legislador asignó a la producción cinematográfica, hacia destinos improductivos, es además de ilegal, claramente nocivo.

3.1.4. Empleo privado y empleo público

Y si bien el empleo público destinado a burocracia creciente también implica puestos de trabajo, ni lo permite el legislador en la medida que se ha desarrollado, ni genera el efecto multiplicador que el legislador previó al decidir que los fondos se apliquen a desarrollar la industria cinematográfica.

3.2. EL FONDO DE FOMENTO CINEMATOGRÁFICO

El Fondo de Fomento Cinematográfico es un Fondo con Afectación Específica creado por el art. 15 del Decreto 62/57, regulado por las distintas normas que desde su creación lo han reglamentado, cuya administración está confiada al INCAA en su carácter de ente público no estatal (ley 17741 art.21, Decreto 1536/02 artículo 1 y concordantes), y cuyos beneficiarios son los productores, distribuidores y exhibidores de películas nacionales, definidas ellas por el art. 8 de la ley 17741 y sus modificatorias, así como los laboratorios cinematográficos nacionales.

3.2.1. Su existencia es independiente de su administrador

La existencia de dicho Fondo, es independiente de la propia existencia del INCAA. La vinculación entre ambos está dada, por el carácter de administrador que la ley le asigna a dicho ente público no estatal.

3.2.2 La existencia del Fondo de Fomento Cinematográfico precede al INCAA

En efecto, la creación del Instituto Nacional de Cinematografía, que tiene entre sus fines dicha administración, es cuatro meses posterior a la creación del Fondo, a través del Decreto 3772/57.

3.2.2.1 No es casual

la técnica legislativa utilizada de crear primero el fondo, reglamentar su integración y su destino, indicar que deberá crearse el ente al cual se le asignará su administración y crear este con posterioridad.

3.2.3. Dicho fondo se integra esencialmente con el aporte de los espectadores de hoy

Ellos aseguran el cine de mañana, mediante el pago de gravámenes que la ley fija a los distintos medios de exhibición de cine, o sea, por la exhibición en salas cinematográficas (art. 21 inciso a), mediante el alquiler o venta de videogramas grabados (art. 21 inciso b) y mediante la exhibición televisiva (art. 21 inciso c), modificado por la ley de comunicación audiovisual. Dicho fondo se integra además con otros ingresos claramente tipificados en los sucesivos incisos de la misma norma.

3.3. NATURALEZA JURÍDICA

3.3.1. Del Fondo de Fomento Cinematográfico

El Decreto 1536/02, que regula las facultades para la administración de dicho fondo, establece en su artículo primero que se trata de "fondos con afectación específica".

3.3.2. De la Integración del Fondo de Fomento Cinematográfico

Está integrado con fondos públicos provenientes de impuestos específicos relacionados con la exhibición de cine, y privados provenientes de intereses, recaudaciones por exhibición y por publicidad, legados, donaciones y otros recursos.

3.3.3. De la Administración del Fondo de Fomento Cinematográfico

Está a cargo del INCAA cuya actual naturaleza está dictada por las normas del Decreto 1536/02, al que se le ha confiado la administración de dicho fondo, en forma independiente de su patrimonio propio.

3.3.4. Del INCAA

Es un ente público no estatal (art. 10 del Decreto 1536/02), con funciones públicas y privadas.

3.3.4.1. Actividades públicas. Normativa aplicable

Respecto a las funciones públicas, se aplican las normas del Derecho Administrativo.

3.3.4.2. Actividades industriales y comerciales

Normativa aplicable

Respecto a las actividades privadas, se aplican las normas del Derecho Privado (Ley 17741, art. 6).

3.3.5. De la Propiedad del Fondo de Fomento Cinematográfico

Tal como indica la Corte Suprema en caso análogo dichos fondos no pertenecen al dominio público, sino que lo que está a cargo del ente no estatal es "… la administración y resguardo de fondos que constituyen un patrimonio común y exclusivo de los beneficiarios…"[34], concordante con los conceptos de la propia ley de cine que así lo dispone y los referencia en su articulado con tal terminología (arts. 20 y 34).

3.3.6. Del origen de las normas vigentes

Si bien del texto expreso de las normas, la jurisprudencia ya citada y la doctrina unánime[35] surge con claridad que el INCAA no es propietario del Fondo de Fomento, sino que se trata de fondos con afectación específica que el INCAA como ente no estatal administra en favor de sus beneficiarios y con miras en el bien común, es importante saber que ello es así desde el origen de la redacción de la norma.

Como los funcionarios del INCAA en su momento actuantes bien saben, APRI, asociación de bien común que hoy encabeza esta demanda, en marzo de 2002 le ha conferido al letrado que suscribe el alto honor de redactar el proyecto que rápidamente tuvo el visto bueno del Presidente Duhalde, y luego, previa defensa y debate que le ha tocado realizar a lo largo de cinco meses con los funcionarios del Instituto demandado, de la Secretaría de Cultura de la Nación y de la Secretaría Legal y Técnica de la Presidencia de la Nación, se convirtió en el Decreto de Necesidad y Urgencia 1536/02, que separó al INCAA del Estado, le otorgó autonomía económica y financiera, y rige hasta hoy el modo en que este ente no estatal debe administrar los fondos que se le han confiado, que constituyen el Fondo de Fomento Cinematográfico.

Por haber sido partícipes necesarios y esenciales de dicho proceso, los funcionarios que aún hoy revisten en el INCAA actuantes en aquel momento como los entonces Gerente General y Director de Asuntos Jurídicos que serán citados como testigos, conocen muy bien que el hecho de que el INCAA es

---

[34] CSJN, López de Reyes, 244:554.

[35] V.g. Agustín Gordillo, *Tratado de Derecho Administrativo* To. 1, Buenos Aires, Ediciones Macchi, 1977, p. XI-27; José Roberto Dromi, *Derecho Administrativo Económico*, To. I, Buenos Aires, Astrea, 1977, p. 54.

mero administrador y de ningún modo propietario de este fondo de afectación, está no solo en el texto expreso de la ley, sino también en el espíritu, propósito y decisión de sus redactores.

Al punto tal que algunos de ellos, entre los que se encontraba el Dr. José Luis Donzelli, tuvieron serias e importantes disidencias al proyecto presentado por quien suscribe, disidencias que llevaban a resultados distintos, pero que no prosperaron ante las entonces autoridades del INCAA a las que le fueron planteadas, ni fueron receptadas en el texto del Decreto 1536/02.

Y es claro que tal como bien dice la doctrina, no puede como administrador "… disponer de los fondos como le plazca…"[36], sino que lo que es una verdad de Perogrullo, debe hacerlo de acuerdo a la ley.

3.3.7. El patrimonio del INCAA y su diferenciación del Fondo de Fomento Cinematográfico

De todo ello surge que, respecto al ontc, conforme las normas vigentes que regulan tanto el origen como el destino de los fondos, debemos diferenciar aquellos que son administrados en favor de sus beneficiarios, de los que componen su propio patrimonio. Se mencionan a continuación.

3.3.7.1. Fondos administrados

Conforman el Fondo de Fomento Cinematográfico, del cual es administrador, cuya integración está determinada por los incisos a / j del art. 21 de la ley 17741 y sus modificatorias, debiendo ser su destino el establecido en los incisos a / ñ del art. 24 de la misma ley, enunciaciones de tales incisos que tampoco implican un cheque en blanco ni una potestad omnímoda, sino que cada uno de ellos es minuciosamente limitado y reglamentado a lo largo de la misma legislación.

---

[36] Dromi, ob. cit. supra, nota 34, p. 54.

3.3.7.2. Fondos propios

Son aquellos de los cuales resulta titular y propietario para sí y para el cumplimiento de sus fines, v.g., entre otros, los aportes del Tesoro Nacional y las transferencias de capital de la Administración Central, que conforme art. 21 de la ley de cine no integran el Fondo de Fomento, que en el presupuesto 2013 alcanzaron a $ 90.000.000, y en el presupuesto 2014 son de $ 73.732.035; y los aranceles que regula el art. 57 de la ley 17741 modificado por el art. 79 de la ley 26784, a los cuales la propia ley les da un destino específico. Estos fondos, no integran el Fondo de Fomento premencionado, ni tienen como aplicación necesaria las fijadas en el art. 24 de la ley.

3.3.8. Historia y desvíos

Así lo implementaron y aplicaron desde siempre las distintas administraciones del INCAA, antes de esta etapa en que se modificó esta conducta, generando los importantes desvíos que motivan esta demanda.

3.4. De los desvíos conceptuales que acompañan la malversación

En los tiempos actuales y en forma sincronizada con el desvío de fondos se cambiaron también los criterios y el lenguaje.

3.4.1. De los criterios abandonados
3.4.1.1. La verdad material

Se abandonó la verdad material que impone el art. 1, inciso f, apartado 2 de la ley 19549, concordante con los unánimes dictámenes de la Procuración del Tesoro de la Nación y de la jurisprudencia de nuestra CSJN.

Este principio de verdad material, que siempre protegió el organismo y que debe ser rector de toda la conducta de la Administración, en aras de lograr estos desvíos ilegales, fue reemplazado por los administradores del INCAA por la verdad formal y, en muchas ocasiones, por una parodia de la verdad formal.

Pese a que sus dictámenes son de cumplimiento obligatorio para el servicio jurídico del organismo, solo esporádicamente se han seguido los claros conceptos en la materia emitidos por la Procuración del Tesoro de la Nación[37].

---

[37] Procuración del Tesoro de la Nación, "... es menester recordar que en el procedimiento administrativo rige el principio de la verdad objetiva o material, según el cual éste debe desenvolverse en la búsqueda de la realidad tal cual es y de sus circunstancias, independientemente de cómo hayan sido alegadas, y eventualmente probadas, por las partes. Como consecuencia, del principio de la verdad objetiva o material la Administración se encuentra obligada a ajustarse a hechos o pruebas que sean de público conocimiento; que estén en su poder por otras razones; que obren en expedientes distintos, ..." Dictámenes de la Procuración del Tesoro de la Nación, Tomo : 276 Página : 146.

"Ante cada caso de interpretación del alcance de textos legales corresponde buscar el sentido de la norma que en mayor medida satisfaga las necesidades concretas a las cuales responde su dictado (conf. Dict. 160:69)" "En el procedimiento administrativo rige el principio de verdad material, por oposición al de verdad formal, constituyendo no sólo derecho, sino también deber de la Administración, la búsqueda de la verdad (art. 1, inc. f), apartado 2 de la ley 19.549). En íntima relación con el principio de instrucción e impulsión de oficio, está el principio de verdad material, en el procedimiento administrativo el órgano debe ajustarse a los hechos, prescindiendo de que ellos hayan sido o no alegados y probados por el particular. Ello, por cuanto la decisión administrativa no puede depender de la voluntad del particular de no aportar las pruebas del caso" Tomo : 214 Página : 149.

"... en virtud del criterio restrictivo con que debe ser apreciada la procedencia de los institutos aniquiladores de derechos, la duda ... debe ser resuelta en sentido favorable a la subsistencia del derecho." Tomo : 260 Página : 130.

"El principio ordenador del procedimiento administrativo de verdad jurídica objetiva, según el cual aquél debe desenvolverse en la búsqueda de la realidad tal cual es y sus circunstancias, independientemente de cómo hayan sido alegadas y, en su caso, probadas por las partes. El interés público no sólo se encuentra comprometido en el restablecimiento de la juridicidad vulnerada, sino también en el mantenimiento de su vigencia, lo que habilita que la Administración esclarezca hechos, circunstancias y condiciones, tratando por todos los medios admisibles de precisar su real configuración, para luego, sobre ellos, poder fundar una efectiva decisión (conf. Dict. 265:232)." Tomo : 273 Página : 105.

"... La estabilidad del acto administrativo cede ante errores manifiestos de hecho o de derecho que van más allá de lo opinable, caso en el cual no pueden hacerse valer derechos adquiridos, ni cosa juzgada, ni la estabilidad de los actos administrativos firmes y consentidos, toda vez que la juridicidad debe prevalecer por sobre la seguridad precaria de los actos administrativos que presentan vicios graves y patentes, manifiestos e indiscutibles, y que, por ello, ofenden el interés colectivo primario (conf. Dict. 246:703 y Fallos 235:349)..." Tomo : 249 Página : 324.

" ... La Ley Nacional de Procedimientos Administrativos contempla el derecho de los interesados al debido proceso adjetivo, comprendiendo éste la posibilidad de que la administración requiera y produzca los informes y dictámenes necesarios para el esclarecimiento de los hechos y de la verdad jurídica objetiva. A diferencia de lo que acontece en el procedimiento judicial donde el juez circunscribe su función jurisdiccional a las afirmaciones y pruebas aportadas por las partes, siendo ellas el único fundamento de la sentencia, en el procedimiento administrativo, el órgano que debe resolver está sujeto al principio de la verdad material, y debe en consecuencia ajustarse a los hechos, prescindiendo de que ellos hayan sido alegados y probados por el particular o no.

El principio de verdad material, que nutre al procedimiento administrativo, exige superar los meros formalismos de ajustarse simplemente a lo peticionado por los particulares si con ello se les niega el acceso a los derechos que por ley le corresponden aunque éstos, por omisión o ignorancia, no los invocarán en forma expresa o clara.

La Administración debe esclarecer los hechos, circunstancias y condiciones, tratando por todos los medios admisibles, de precisarlos en su real configuración, para luego sobre ellos, poder fundar una efectiva decisión; en el procedimiento administrativo deben imperar, como principios fundamentales el de la legalidad y el de la verdad material sobre la verdad formal ..." Tomo : 212 Página : 399.

"... correspondiendo a la Administración agotar de oficio los medios de prueba a su alcance para el correcto esclarecimiento de la situación que se plantee en consideración al principio de la verdad material que rige el procedimiento administrativo. Su examen y consideración no es discrecional, sino que comporta una verdadera obligación, cual es la de considerar la posible ilegitimidad del acto impugnado y revocarlo en caso de advertir errores o vicios, dado que en el procedimiento administrativo imperan como principio el de la legalidad objetiva y el de la verdad material por oposición a la verdad formal. El principio de verdad material, que nutre al procedimiento administrativo, exige superar los meros formalismos de ajustarse simplemente a lo peticionado por los particulares si con ello se les niega el acceso a los derechos que por ley le corresponden aunque estos, por omisión o ignorancia, no los invocarán en forma expresa o clara. La administración debe esclarecer los hechos, circunstancias y condiciones, tratando por todos los medios admisibles, de precisarlos en su real configuración, para luego sobre ellos, poder fundar una efectiva decisión." Tomo : 211 Página : 470.

"... Ante cualquier petición o presentación de un particular, resulta obligatorio para la Administración expedirse sobre tal petición o recurso. Así lo prescriben los artículos 1 incisos a) y f), de la Ley de Procedimientos Administrativos y 4 de su reglamento; en tal sentido, al contener la presentación una petición clara, precisa y concreta, no es posible soslayarla invocando cuestiones formales.

El principio de verdad material, que nutre al procedimiento administrativo, exige superar los meros formalismos de ajustarse simplemente a lo peticionado por los particulares, para evitar con ello se les niegue el acceso a los derechos que por ley le corresponden aunque éstos, por omisión o ignorancia, no los invocaran en forma expresa." Tomo: 207 Página: 212.

"... la Administración debe agotar en primer término todos los medios de prueba para esclarecer la verdad jurídica objetiva en concordancia con lo preceptuado por el inciso a) y el apartado 2, inciso p) del artículo 1 de la ley 19549 y artículos 46 y 48 del reglamento aprobado por decreto 1759-72 produciendo de oficio la prueba conducente a dilucidar los hechos controvertidos..." Tomo : 165 Página : 305.

"... Corresponde a la administración agotar de oficio los medios de prueba a su alcance para el correcto esclarecimiento de la situación que se plantea ... considerando el principio de verdad material que rige en el procedimiento administrativo..." Tomo : 163 Página : 358.

"... El principio de verdad material, que nutre al procedimiento administrativo, exige superar los meros formalismos de ajustarse simplemente a lo peticionado por los particulares, si con ellos se les niega el acceso a los derechos que por ley les corresponden aunque éstos, por omisión o ignorancia, no los invocaran en forma expresa o clara. En el procedimiento administrativo, interesa establecer la verdad material, en oposición al procedimiento judicial (excluido el penal), en el cual el juez debe atenerse al principio de la verdad formal. La administración, dejando de lado el panorama que pretende ofrecerle el administrado, debe esclarecer los hechos, circunstancias y condiciones, tratando, por todos los medios admisibles, de precisarlos en su real configuración, para luego, sobre ellos, fundar una efectiva decisión..." Tomo : 204 Página : 61.

3.4.1.2. Los beneficiarios

Se abandonó el criterio de que el INCAA administra en beneficio de la producción de cine y demás beneficiarios del Fondo de Fomento. Se abandonó el concepto del productor como sujeto del fomento, de la película nacional como bien jurídico protegido, criterio que en su momento sintetizara el Dr. Emiliano Fassino, a cargo de la Gerencia de Asuntos Jurídicos del ente.

3.4.1.3 Del cambio en el lenguaje, acompañando la malversación

Nos referimos en este capítulo al cambio de lenguaje en la actuación cotidiana del ente en el trato diario, que también se ve reflejado en los dictámenes, informes y resoluciones.

3.4.1.4 De beneficiarios a "administrados"

Se reemplazó en la vida diaria la denominación de "productores" o "beneficiarios" como los llama la ley y es el trato que siempre mis mandantes han recibido, por el de "administrados", confusión que facilita, desde el lenguaje, el desvío de fondos creciente.

3.4.1.5 ¿Qué es lo administrado?

Porque lo administrado es el Fondo de Fomento Cinematográfico y no los productores de cine, y estos son beneficiarios y no administrados.

3.4.1.6 Límites impensables para los productores

Junto al cambio de lenguaje, hasta llego a analizarse prohibir a los productores de cine, que siempre consideraron al INCAA como su propia casa, el ingreso mismo al edificio, intentando evitar que circulen dentro del mismo para interactuar con las distintas gerencias, propuesta que tras un amplio debate entre la Presidenta del ente y sus gerentes, no prosperó, pero que su sola lectura, causa estupor.

Lo que sí prosperó es un sistema de informes diarios que incrementó el temor sobre funcionarios y empleados controlados respecto de cada persona que atienden, cuya comunicación interna finalmente quedó redactada así: "A fin de cada mes esta Presidencia necesita poder ver un reporte de los ingresos de cada día, con horarios de entrada y salida y Gerencia a la que se dirigen..."[38].

3.4.1.7. Un caso de procesamiento penal

No es un dato menor el tener presente, que nada menos que el encargado de la fiscalización, Mario Miranda, uno de los Gerentes que con mayor énfasis propiciaba esta prohibición, hoy está procesado por semiplena prueba como "... autor penalmente responsable del delito de administración fraudulenta en perjuicio de la administración pública ..."[39].

---

[38] En los actos preparatorios, la señora Mazure al solicitar la restricción al ingreso de productores y directores de cine al INCAA, agregó "... necesito también a fin de cada mes un reporte de la mesa de ingreso de quien entró al INCAA y en que Gerencia estuvo, con día y hora ...".

Cada uno de los gerentes se esforzó en ver cómo se restringiría en mayor medida el ingreso de los productores y en ese orden de propuestas el gerente de Asuntos Jurídicos Dr. Orlando Pulvirenti llegó a decir "... Toda violación a esta disposición, autorizará al personal del INCAA a ordenar la conminación al administrado (SIC) a retirarse de la dependencia e inclusive solicitar el auxilio de las fuerzas de seguridad ...".

El gerente Mario Miranda adicionó "... A lo escrito por Orlando yo quiero agregarle algunas cosas que ya dije algunas veces.

1. Mejorar el mobiliario de la recepción. Demoler el ara de mármol y reemplazar los escritorios por cabinas de atención al público tipo banco.

2. Poner un horario de atención al público que puede ser bancario (de 10 a 16) o cortado (de 10 a 12 y de 15 a 18)..."

El Auditor Interno Dr. Rolando Néstor Oreiro indicó que "...restringir el acceso, me parece bien aunque quitaría el párrafo final de 'recurrir al auxilio de la fuerza pública', parece mucho, ¿no?".

[39] Nota D.S.N. 317-13 – Expediente S01:347164-2010.

4. SÍNTESIS

4.1 INCAA

Conforme art. 21 de la ley 17741 y sus modificatorias, el INCAA es el administrador del Fondo de Fomento Cinematográfico, regulando la legislación vigente las normas a las cuales debe ajustarse dicha administración[40].

4.2. Obligaciones

En tal carácter, tiene la obligación de cumplir con determinada administración del patrimonio de afectación que le es confiado.

4.3. Perjuicios

Los desvíos en que ha incurrido como administrador son graves, causando perjuicios a los beneficiarios de dicho Fondo de Fomento Cinematográfico, entre los cuales se encuentran mis mandantes.

4.4. Bien común

Perjuicio que se extiende también a la comunidad toda, ya que cuando la ley fija un destino para determinados fondos y confía su administración a un ente determinado, lo hace en favor de sus beneficiarios, pero simultáneamente en función del bien común. El deber es darle el destino que fija la norma, y no el que libremente deseen los administradores de turno.

---

[40] Julio Raffo, ob. cit. supra, nota 24, p. 187.

4.5. Límites legales

La normativa fija límites concretos para que el dinero no se desvíe, y cuando los límites legales se incumplen y se traspasan, se desnaturaliza no solo la función del ente público, sino la misma razón de ser del cargo que temporalmente ocupan sus administradores.

5. HACIA DÓNDE SE DESVÍA EL DINERO

5.1. Destino del desvío

La síntesis es que el INCAA está desviando los fondos que la ley destina para la producción, a un crecimiento desmedido de los gastos en salarios, compras y servicios, llegándose al absurdo de que se gastan 399 millones para administrar subsidios por 155 millones.

5.2. Límite originario

El Decreto que creó el Instituto Nacional de Cinematografía limitaba expresamente la facultad de gastar en la administración del organismo, al 10% de la recaudación impositiva, el mismo limite que fija hasta hoy la ley que regula la actividad del Instituto Nacional del Teatro.

5.3. Modificaciones

Desde la creación del Instituto de Cine a hoy, su ley orgánica tuvo 21 modificaciones y en una de ellas se perdió el límite a los gastos de mantenimiento.

5.4 Excesos

Pero destinar al mantenimiento del INCAA el 75% de los ingresos genuinos por recaudación impositiva, como surge del presupuesto 2014 en que se prevé una recaudación impositiva de 530 millones y se prevén los gastos de funcionamiento en $ 399, violenta todo el conjunto de la normativa de la ley.

5.5. Consecuencias

Lo cual, como se aprecia en el Cuadro 1 incluido en el parágrafo 2.2.5, hace disminuir sensiblemente el destino de los fondos correspondientes a los subsidios a la producción.

5.6. Normas violentadas

A fin de dejar clara la petición, antes de ingresar al tratamiento exhaustivo de las cuestiones planteadas en autos, pasamos a sintetizar cuales son las normas que la ley fija para la administración del Fondo, cuyo cumplimiento requerimos en la presente acción.

6. NORMAS QUE SE INCUMPLEN EN FORMA SISTEMÁTICA
6.1. LA NORMA QUE CIMIENTA TODO EL SISTEMA DE LA LEY
6.1.1. Créditos y subsidios

La misma ley establece con precisión sus dos herramientas esenciales al fijar los alcances y límites a los créditos a otorgar (arts. 35 a 41) y a los subsidios a la producción (arts. 26 a 34), los que incluyen el subsidio por la exhibición en salas, también llamado habitualmente recuperación industrial y el correspondiente a la exhibición en otros medios, también llamado habitualmente subsidio por medios electrónicos.

6.1.2. Carácter reglado

Su derecho y modos de otorgamiento, conforman un sistema esencial e imprescindible para el financiamiento y recuperación de la inversión cinematográfica, el cual se encuentra detalladamente reglado en la ley y en las normas reglamentarias.

6.1.3. 50% a subsidios

Como base fundamental de ese sistema, el art. 29 de la ley y art. 1 del Decreto 1527/2012, el INCAA debe destinar a los subsidios a la producción de películas nacionales, en los términos reglados por los arts. 26 a 34 de la ley de cine, el 50% de la recaudación impositiva que establecen los arts. 21 incisos a y b de la ley de cine y art. 97 inciso a de la ley 26522.

6.1.4. Su objeto. Las películas nacionales

La ley en forma expresa limita el objeto del sistema de créditos y subsidios exclusivamente a lo que define como "películas nacionales"[41].

6.1.5. Seguridad jurídica, inversión y empleo

La administración del Fondo conforme lo prevé la ley genera seguridad jurídica para los productores e inversores, quienes tienen derecho a que su administración se realice conforme la ley y las reglas claras y sistemáticas que ella establece.

---

[41] Julio Raffo, ob. cit. supra, nota 24, cap. III, p. 85: "La tipificación de una película corno 'película nacional' tiene gran importancia por cuanto sólo la producción de películas consideradas 'nacionales' puede obtener los especiales beneficios financieros, de fomento y de protección que establece la Ley de Cine".

En síntesis, si bien todas las normas de administración son importantes, y todas deben ser cumplidas, el destinar el 50% de la recaudación a subsidiar la producción de "películas nacionales", es la norma esencial al sistema de la ley.

La que permite que puedan sostenerse las pymes de la actividad generando empleo digno.

La que permite que se puedan producir películas argentinas dignas y competitivas en un mundo que cada vez demanda más audiovisual, pero que sin una política adecuada no permite que compitamos en él con chances.

En resumen, la que permite que los fondos que los espectadores de cine en salas, video o TV, aportan para que exista un cine argentino digno, competitivo e industrial, sean destinados precisamente a ello.

6.1.5.1. Directores, guionistas, actores, técnicos, extras, músicos

Generando empleo altamente calificado, en todas las áreas y en obras de alto valor agregado.

6.1.6. Restantes fondos

No menos importante es cumplir las normas que establecen cómo se destinan las sumas que corresponden a créditos, concursos, comercialización internacional y otras actividades productivas, pero si no partimos del punto 1, del esencial, de cumplir acabadamente con las normas que destinan el 50% a los subsidios a la producción de películas nacionales en la forma precisa que reglamentan los arts. 26 a 34 de la ley, el destino del Fondo de Fomento se desmorona, como sucede en la actualidad.

6.1.7. El INCAA y su razón de ser

Ello hace a la esencia de la razón de ser del Fondo de Fomento Cinematográfico y también a la razón de ser del INCAA como su administrador.

6.1.8. Antecedentes

Demás está decir que la reglamentación vigente, es concordante con la totalidad de sus antecedentes, sin excepción alguna, desde la sanción de la ley que actualmente regula el Fondo de Fomento hasta hoy, a saber Decretos 1405/73, 815/95, 989/04 y 1938/08.

6.2. OTRAS NORMAS VINCULADAS AL DESTINO DE LOS FONDOS ADMINISTRADOS

6.2.1. Costo medio

Conforme art. 29 inciso a de la ley de cine, el INCAA debe establecer anualmente el costo de una película nacional de presupuesto medio.

6.2.1.1. Incumplimiento

También incumple esta norma, fijando arbitrariamente montos totalmente inferiores a la realidad, y sin respetar la periodicidad anual a la cual le obliga la ley.

6.2.2. El incumplimiento como mecanismo para el desvío

Este incumplimiento de la ley es uno de los mecanismos principales que utiliza el INCAA para malversar los fondos que la ley destina a los subsidios a la producción de películas nacionales.

6.2.2.1. Magnitud de esta violación normativa

En la realidad, desde el fin de la convertibilidad en 2002, dicho costo medio fue establecido solo en 4 de los 13 años transcurridos, Resoluciones 501/2007, 1883/2008, 2204/11 y 1457/2013, amen que las mismas tampoco reflejan el costo medio real ni exhiben fundamentos o cálculos que funden el resultado fijado.

6.2.3. Recupero de créditos y su destino

Conforme art. 37 de la ley de cine, el INCAA debe adicionar a la partida de créditos que determina conforme art. 36 de la ley, los ingresos que resulten disponibles por amortización de los créditos acordados.

6.2.4. Incumplimiento

Simplemente no lo hace y, a tales ingresos, le da otros destinos, distintos a los que le exige la ley que le otorga su administración.

6.2.5. Límite legal a los fondos destinados a concursos de coparticipación

Conforme art. 48 de la ley de cine, el INCAA puede destinar a la producción a través de concursos de coparticipación hasta el treinta por ciento (30%) de los fondos destinados a los créditos.

6.2.5.1. Incumplimiento – desnaturalización de la ley

Tampoco cumple con esta norma y desnaturaliza la ley, que es una ley de promoción a la industria, restando fondos a los legalmente previstos y destinándolos a concursos en mayor medida de lo que la ley permite.

6.2.5.2. Efectos del incumplimiento

Esta derivación de dinero a concursos es un mecanismo que le permite lograr y ocultar los desvíos, perjudicando la inversión y desalentando esfuerzos, conforme se detalla abajo.

6.2.5.3. Perjuicio a la producción y al empleo

La ley limitó expresamente los concursos, privilegiando créditos y subsidios continuos, porque es una ley de promoción industrial y ninguna industria se sostiene con concursos.

Ninguna empresa de ningún rubro puede hacer inversiones en personal permanente ni en equipamiento, ni en rubros productivos, si su fuente de trabajo está sujeta a si gana o no concursos

Obviamente podría hacerlo, si basa su inversión en la seguridad jurídica que le genera la existencia de normas como la ley de cine, pero su incumplimiento cuya corrección demandamos, llevó al cierre y a la pérdida a quienes invirtieron confiando en la ley.

6.2.5.4. Facilita el desvío

Quien decide desviar fondos necesita canalizar la energía de los potenciales beneficiarios a fin de disipar el descontento. Multiplicar concursos posibilita canalizar el esfuerzo de cientos de presentantes, con la esperanza de ganar alguno de los pocos premios en juego.

6.2.5.4.1. Con ventaja para el mal administrador

Con la ventaja adicional para el mal administrador de que los concursos son por cifras muy inferiores a los subsidios.

6.2.5.4.2. Genera cuellos de botella

Generando a su vez perversos cuellos de botella al asignar a las partidas de concursos menor dinero al prometido en premios, generando el estiramiento de los pagos de acuerdo a la disponibilidad presupuestaria que mal asignó *ab initio*, el propio ente.

6.2.5.4.3. Desalienta la inversión

Desalentando la inversión, lo cual a los malos administradores, les resulta útil para contar con más fondos a desviar. Desalienta porque el sistema industrial de la ley, genera empresas. En cambio el sistema de privilegiar los concursos más allá de lo permitido por la ley, genera cantidad de producciones de bajo presupuesto, en las que se entrega hasta el 100% del costo, generando un modelo de productores ejecutivos a sueldo, en reemplazo del modelo de crecimiento industrial de la ley.

6.2.6. Reemplaza el modelo industrial de la ley

Sin juzgar la bondad o no del sistema cubano, el incumplimiento de la ley en este aspecto, reemplaza el modelo industrial propiciado por la ley, por un sistema a la cubana, de múltiples productores ejecutivos y desaliento a la existencia de empresas pujantes.

6.2..7 Facilita el ocultamiento

Porque múltiples proyectos de muy bajo presupuesto, permite generar artificialmente una estadística que les resulta favorable, con poco dinero, tema que describiremos en el capítulo correspondiente.

6.3. NORMAS VINCULADAS A LAS PELÍCULAS A SUBSIDIAR
6.3.1. Telenovelas y programas de TV

Conforme art. 73 de la ley de cine quedan expresamente excluidas del concepto de película a los efectos de dicha ley, las telenovelas y los programas de televisión, conforme fue expresamente agregado por la ley 24377 de 1994[42].

---

[42] Julio Raffo, uno de los juristas que participó en la redacción de los actos preparatorios de la ley, dice: "Por su parte la modificación a la LC realizada por la ley 24.377 restringió el concepto de 'película' excluyendo del concepto amplio del artículo 76 a las 'telenovelas y los programas de televisión'. Con ello se buscó evitar que los recursos destinados al fomento de la cinematografía... se utilizaran para financiar actividades netamente televisivas.". Ob. cit. supra, nota 24, p. 20.

6.3.1.1. Incumplimiento – Competencia con otros entes y organismos

En el rubro TV Digital, que se ha constituido en un formato de gran actualidad, compitiendo con otros organismos que lo hacen sin ninguna limitación legal como el CEPIA y el CIN, los administradores del INCAA se esforzaron en subsidiar en forma directa por un lado al utilizar fondos del fomento cinematográfico y en forma indirecta por otro al colocar todo su costo creciente de burocracia y de mantenimiento al servicio de subsidiar contenidos expresamente excluidos de la ley de cine.

Constituye ello otro desvío que les permite administrar parte de los fondos asignados a tales temas y procurar prestigios personales, a costa del incumplimiento de la ley, y los derechos de sus beneficiarios.

6.3.1.2. Interacción con otros actores

Estos desvíos les permiten también a los administradores, la interacción y la asignación de fondos a los sectores más poderosos de la industria audiovisual local, que son los productores y canales de TV, lo que también les facilita el ascenso personal, al costo de incumplir la ley.

6.3.1.3. Dolo – Eufemismos para el ocultamiento de la conducta ilegal

Conscientes de que no deben hacerlo, para subsidiar ilegalmente utilizan eufemismos y entonces a las telenovelas las llama Series, eufemismos que no duran siquiera el tiempo en el que se escriben las resoluciones, y a los cuales nos referiremos en el capítulo que refiere al dolo.

6.3.1.4. Ley de Comunicación Audiovisual

Es claro que la reglamentación de la Ley de Servicios de Comunicación Audiovisual, dictada por Decreto 1225/10 art. 97, no modifica la ley, sino que determina un porciento a asignar a la promoción de contenidos para televisión, que debe hacerse conforme art. 73 de la ley de cine, fomentando películas destinadas a la televisación, y no como está desviando los fondos *contra legem*, al destinar presupuesto a telenovelas y programas de TV.

6.4. ARTES AUDIOVISUALES Y MEDIOS AUDIOVISUALES

6.4.1. Modificación legal

La ley 24377 introduce en esta temática dos cambios legales y uno pragmático.

6.4.1.1. El cambio pragmático

Se firma un Acta en el Congreso de la Nación, más precisamente en el Senado, por la cual se propicia que los Canales de TV se constituyan en productores de cine.

Sin juzgar en este expediente, el acierto o desacierto de esta medida, a partir de allí Telefe, América TV y Artear a través de Patagonik, se constituyen en productores de cine y, en cuanto tales, beneficiarios del Fondo de Fomento Cinematográfico. Se va a contramano del paradigma mundial de que la TV debe subsidiar al cine y se avanza en uno nuevo que es que el cine subsidia a los canales de TV.

6.4.1.2. Los cambios legales son 2

6.4.1.2.1. El cambio de nombre

Modifica el nombre del INC y lo trasforma en INCAA agregando la frase "Artes Audiovisuales".

6.4.1.2.2. Modifica la definición de película

Modifica el art. 76 de la ley, hoy art. 73 excluyendo de la definición de película a los efectos de la ley, y por lo tanto del ámbito de los créditos, subsidios y fomento en su favor a:

Los Programas de TV

Las Telenovelas

6.4.1.2.2.1. Artes o Medios Audiovisuales - Diferencias

Esta exclusión tiende a dividir 2 conceptos que la ley diferencia: Artes Audiovisuales no es lo mismo que Medios Audiovisuales.

6.4.1.2.2.2. No modifica subsidios a películas nacionales

El Fondo de Fomento Cinematográfico se abre a apoyar artes audiovisuales, sin modificar ni afectar el 50% dedicado a subsidiar películas nacionales conforme su definición de la propia ley. Pero excluye expresamente a la TV.

6.4.1.2.2.3. Queda definido el nuevo objetivo de la ley

Y entonces, ¿cómo define esta nueva ampliación de su objeto?

Agrega la diversidad del soporte a la definición del art. 76, hoy artículo 73, manteniendo entre sus destinos la televisación o exhibición por cualquier otro medio, pero limitando el sistema de créditos y subsidios exclusivamente para lo que la ley define como películas nacionales.

6.4.1.2.2.4. La misma modificación legal establece los límites

Es muy importante advertir que es la misma ley modificatoria que introduce las artes audiovisuales la que también agrega la exclusión, porque para subsidiar Telenovelas y Programas de TV, el INCAA se ampara en que estarían bajo su ámbito las telenovelas y los programas de TV, sabiendo y conociendo perfectamente que la ley los excluye.

6.4.1.2.2.5. Dolo

Lo que surge de sus propios memorándums y comunicaciones internas. O sea que violan la ley con plena conciencia de que lo están haciendo.

6.4.1.2.2.6. El dolo no es un requisito legal para nuestro requerimiento

Si violaran la ley por negligencia o impericia, igual debe prosperar esta demanda que solicita se obligue a cumplirla y reparar los daños de su incumplimiento.

Pero como el obrar es doloso, refuerza la necesidad de avocarse.

6.5. NORMAS VINCULADAS A LA COMERCIALIZACIÓN EN TERRITORIO NACIONAL

6.5.1. Sistema porcentual de la ley

El artículo 14 de la ley de cine establece que la contratación de películas nacionales por parte de las salas exhibidoras se determinará sobre la base de un porcentaje de la recaudación de la boletería, fijando el Decreto 1405/73 que tal porcentaje no puede ser inferior al 30, 40 ó 50%, según el tipo de salas que la reglamentación define.

6.5.2. Tolerancia al sistema de valor fijo

El INCAA en violación directa de la ley, permite abiertamente que las salas exhibidoras paguen un porcentaje menor, y que deduzcan un valor fijo por cada copia digital.

6.5.2.1. Connivencia

No podemos dejar de mencionar que al organizarse la reglamentación de los planes de fomento, ya no son consultados los sectores de la producción cinematográfica, pero sí el Dr. Antonio Mille, prestigioso abogado que cuenta entre sus clientes a la Motion Picture Association of América, Inc., a la Cámara Argentina de Exhibidores Multipantalla y a empresas administradoras de canales de TV extranjeros, que son precisamente quienes obtienen beneficios económicos de estas infracciones.

Nada debemos decir ni del Estudio Mille, conocido estudio jurídico del país, ni de las importantes empresas y cámaras que representa. Lo que sí debemos decir, es que los intereses que en su ejercicio profesional le toca representar son los intereses exactamente contrarios a las necesidades el Cine Argentino, en cuyo favor se administra el Fondo de Fomento Cinematográfico.

A quien está consultando para diseñar su plan de trabajo, es precisamente al Representante de las Empresas que debe fiscalizar y limitar, a través de la cuota de pantalla y de otras medidas que la ley le impone.

En las comunicaciones enviadas a los gerentes y a dicho letrado al programar el plan de fomento de 2011, en los primeros días de ese año, la presidenta del INCAA, v. g. textualmente dijo:

... Ustedes saben cómo seguir con las Resoluciones correspondientes ... No será más obligatoria la presentación de la Copia A en 35mm. ante el INCAA...

... Esto es una aclaración ante cualquier reclamo de productores que pensarán que la medida no los favorece...

... nos lleva a modificar todo lo que es "subsidio" y por lo tanto todo lo que se "subsidia" con el 50% destinado a este fin ...

... Series o Ciclos de ficción para TV (no uso la palabra Telenovela, ya que la Ley de Cine la censura especialmente) ...

... Abrazos. Lili   Liliana Mazure

El texto habla por sí mismo.

- Saben que están violando la ley con resoluciones.

- Que es la ley y no la administradora quien puede "modificar todo lo que es subsidio".

- Indica cómo calmar los reclamos que espera de los productores.

- Y explica con todas las letras qué palabras se deben utilizar para violar la ley

- Y quiénes son los consultados para hacer todo ello.

6.5.2.2. Novecientos millones ($ 900.000.000) para las multipantallas

Ello sin contar con que mientras se retacea el destino del Fondo de Fomento, y se desvían sus fondos, por Resolución 2119/12, pasan a otorgarse créditos de un Banco oficial con tasa subsidiada por el INCAA a las empresas multipantalla, las más importantes de capital extranjero, abriéndose una primera etapa de $ 900.000.000, que no es un límite tampoco, con tope inicial de $ 150.000.000 por empresa o grupo económico.

Tope que se reduce en la línea para pequeñas y medianas empresas a $ 20.000.000.

Y no solo se subsidia la tasa de interés.

El INCAA, con dinero del Fondo de Fomento Cinematográfico, paga hasta los asesores contables y auditores que los ayuden a preparar las presentaciones. Contrastemos esto, v.g. con la política de rechazo de presentaciones a los productores de cine beneficiarios de la ley, a la cual nos referiremos al tratar el tema de desconocimiento de costos.

Si tenemos presente lo expresado en el parágrafo que antecede, no es de extrañar que el resultado sea que mientras se detraen los fondos que la ley asigna a créditos y subsidios al cine argentino, el INCAA genera una línea de créditos de $ 900.000.000 a tasa subsidiada, en favor de las empresas que incluyen las de capital extranjero, que no cumplen siquiera la cuota de pantalla del cine argentino, que exhiben mayoritariamente cine norteamericano, sin pedirles nada a cambio.

900 millones, o sea, más que el presupuesto anual total del Fondo de Fomento.

Debemos hacer notar que las 6 empresas que componen la Motion Picture Association of América, Inc., son las compañías estadounidenses que concentran más del 80% del mercado cinematográfico mundial y precisamente la razón de ser del Fondo de Fomento Cinematográfico es trabajar para que el cine argentino obtenga su lugar ante tal situación oligopólica.

A su vez, la Cámara Argentina de Exhibidores Multipantalla agrupa exclusivamente a las 3 cadenas de cine de capital extranjero, que ceden más del 80% de su tiempo de pantalla a las 6 distribuidoras norteamericanas que integran la Motion Pictures, y que concentran así también en nuestro país esos porcentuales del mercado.

6.5.2.3. Se destruye la distribución nacional

Simultáneamente se generaron políticas que destruyeron la distribución por parte de empresas de capital nacional.

Bajo la excusa de que las empresas extranjeras deben invertir en nuestro cine, se llevó una política tendiente a traspasar nuestras mejores películas de la distribución por parte de empresas argentinas, a las 6 *majors* de capital extranjero (norteamericano) que controlan el 80% de la comercialización mundial de cine.

Así se ha logrado una participación creciente de ellas en nuestra distribución, sin que ello implique que el cine argentino tenga más horas de pantalla ni que el cine norteamericano no nos quite las mismas.

De acuerdo a las estadísticas publicadas por la revista especializada *Haciendo Cine*, las cifras del traspaso son estas.

Participación de las *majors* norteamericanas en la distribución de películas nacionales, medida en cantidad de espectadores[43].

2009: 14%

2010: 46%

2011: 65%

2012: 76%

Las cifras son elocuentes por sí mismas.

6.5.2.4. Las distribuidoras nacionales cierran

Esta política llevó al cierre de la distribución nacional de 791 Cine, empresa en la que se tuvieron amplias expectativas y Primer Plano, uno de los distribuidores nacionales con gran reconocimiento en el medio.

---

[43] *Haciendo Cine*, junio 2013, p. 16.

6.5.2.5. Los laboratorios cinematográficos nacionales cierran

El cierre del Laboratorio Stagnaro, así como el de otros laboratorios nacionales que acompañaban la producción y postproducción de películas argentinas, fue otra de las consecuencias de los hechos que sustentan esta demanda.

6.5.2.6. Otros afectados

Ello, sin perjuicio de la destrucción que sufrieron también productoras de cine y proveedores de esta industria, que confiando en la ley de cine, habían invertido en equipamiento, estudios y otros bienes de capital propios de la actividad.

6.5.3. NORMAS DE COMERCIALIZACIÓN INTERNACIONAL

El art. 18 de la ley de cine establece que la importación y exportación de películas deberá ser comunicada al INCAA. En forma complementaria conforme el art. 47, el INCAA debe determinar las normas a las que deberá ajustarse la comercialización de las películas nacionales, utilizando las facultades que el mismo artículo otorga y controlando su cumplimiento con las penalidades allí indicadas.

Tampoco aplica estas normas, permitiendo el dumping de las películas extranjeras y simultáneamente perjudicando la comercialización de las películas nacionales en el exterior, que al no tener normas y criterios uniformes es avasallada por las películas provenientes de países que si trabajan en forma constante y uniforme.

7. LA SEPARACIÓN DEL INCAA DEL ESTADO

7.1. El Decreto Ley 1536/02 y la separación del INCAA del Estado

La experiencia ha mostrado que un sistema de promoción industrial requiere agilidad para lograr su cometido, y el período en que el INCAA había perdido su autonomía financiera (1994/2002), impidió muchas veces la efectividad en la continuidad industrial del sector, lo que llevó al dictado del Decreto Ley 1536/02, que separa al INCAA del Estado, con diversas consecuencias entre las cuales destacamos:

7.1.1. Recupera la autonomía económica y financiera

Reintegra al INCAA la autonomía y el control económico y financiero perdido con la ley 24377 de 1994.

Es lo que vulgarmente, en la industria del cine, es mal llamada "autarquía", palabra que jurídicamente significaría otro concepto inaplicable al INCAA.

7.1.2. Genera un sistema automático de recepción de los fondos

Sin depender del Sistema de la Cuenta Única del Tesoro (SCUT), ni de los controles *a priori* que el mismo implica, que en el lapso de pérdida de la autonomía económico / financiera (1994-2002), generó tantos recortes de presupuesto y problemas de agilidad en el fomento a la producción.

El ente pasa a tener sus propias cuentas bancarias y sus propias chequeras para disponer a diario de los fondos, y el sistema de control pasa a ser, *a posteriori*.

7.1.3. Flexibilidad en cuanto a la planta

Permite al INCAA establecer su propia planta de personal.

8. LOS SISTEMAS DE CONTROL

8.1. El Presupuesto

Al pasar a ser un ente no estatal, el art. 10 del Decreto 1536/02 modifica la ley 17741, agregando entre las facultades del presidente del INCAA el "...confeccionar y aprobar el presupuesto anual de gastos y cálculo de sus recursos y la cuenta de inversiones...".

8.2. Modificación de partidas

En igual sentido ello se complementa con la disposición del art. 1 en cuanto dispone "...que el INCAA, administrador del Fondo de Fomento Cinematográfico... asignará y redistribuirá los fondos con afectación específica conforme las facultades emergentes de la citada Ley y del presente Decreto, pudiendo efectuar las inversiones que resulten necesarias para la mejor consecución de sus objetivos...".

8.3. Consecuencias

Tales disposiciones permiten al INCAA fijar y modificar su presupuesto así como la asignación de partidas, cuantas veces lo desee en el año, lo que de hecho se realiza varias veces por mes.

8.4. Los límites normativos

Las mismas normas le imponen 2 límites legales:

Puede hacerlo "...conforme las facultades emergentes de la citada Ley (17741) y del presente Decreto (1536/02)..."

Por disposición del art. 2° queda sometido al régimen de la ley 24156, con las limitaciones propias de un ente no estatal.

8.5. Las normas de la ley 24156

El artículo 33, concordante con todo el sistema presupuestario de la ley, limita la posibilidad del desvío al establecer "...No se podrán adquirir compromisos para los cuales no quedan saldos disponibles de créditos presupuestarios, ni disponer de los créditos para una finalidad distinta a la prevista...", disposición que en el INCAA se violenta con el simple mecanismo de utilizar abusivamente sus facultades de reasignar recursos, sin respetar que el límite para ello está en las disposiciones de la ley 17441.

8.6. Flexibilidad y mayor responsabilidad

La flexibilidad dada, que elimina el control a priori, es muy importante para cumplir los postulados de la ley, para que las producciones puedan contar con su dinero en forma ágil y a tiempo y generar continuidad en la industria y crecimiento, pero simultáneamente muy riesgoso, por el peligro de apartamiento que conlleva, por el alto grado de poder y libertad en la disposición de fondos que otorga a los administradores de dinero ajeno.

Pero a mayor libertad, mayor responsabilidad y el hecho de contar con menos controles para posibilitar agilidad en la administración de fondos ajenos que le son confiados, requiere extremar el cuidado y no malgastar ni desviar, lo que no es propio.

9. PRESUPUESTO Y EJECUCIÓN PRESUPUESTARIA. PUBLICIDAD

9.1. El principio de publicidad

"El presupuesto… debe ser un acto rodeado de la más completa publicidad y su conocimiento ha de llegar no solo a los representantes que integran el órgano volitivo de la hacienda, sino también a la población en general. El presupuesto debe ser objeto de publicidad, tanto en su preparación, como en su discusión y aprobación…, en su ejecución y en su control ulterior…"[44].

9.2. Su aplicación en el INCAA

Así se aplicó siempre en el INCAA hasta 2008.

Todas las entidades de cine y los beneficiarios en particular, siempre tuvieron libre acceso a conocer todas las resoluciones del INC (luego INCAA), así como los detalles del presupuesto y su ejecución.

V.g. en los últimos 20 años, durante las gestiones de

-   Guido Parisier 1991/94, El Director de Administración, Comodoro Andelique, suministraba la información en el acto y al solo pedido.

-   Antonio Ottone 1994/95. El mismo Director de Administración que continuó en funciones, siguió suministrando la información de igual modo.

-   Julio Maharbiz 1995/99. El subdirector Contador Rodríguez, suministraba la información de igual manera.

-   José Miguel Onaindia 1999/2001. Igual función estuvo a cargo de la Gerente General Cdra. María de la Paz Mariño, que incluso suministraba los datos semanalmente en forma telefónica.

-   Jorge Coscia 2002/05. La misma función y apertura estuvo a cargo del Gerente General Lic. Alberto Urthiague.

---

[44] Adolfo Atchabahian, *Régimen Jurídico de la Gestión y del Control en la Hacienda Pública*, Buenos Aires, Depalma, 1999, 2a. ed. actualizada, p. 198 y ss. En igual sentido, Santiago G. Zaffaroni, *Manual de Contabilidad Estatal y de los Sistemas de Control de la Hacienda Pública*. Buenos Aires, Depalma, 2001, p. 47.

- Jorge Álvarez 2005/08. De la misma manera toda la información era suministrada por el Gerente de Administración Pablo Belardinelli.

Esta obligación de dar a publicidad sus actos, cumplida hasta 2008, tiene rango constitucional[45].

9.3. El cambio abrupto. Incumplimiento

- Liliana Mazure 2008/13. A partir de la asunción de la misma como Presidenta del ente, el cambio fue abrupto. El incumplimiento de la publicidad del presupuesto, sus modificaciones y ejecución presupuestaria, pasó a ser total y absoluto.

El incumplimiento pasó a ser sistemático, gravedad que se acentúa en un ente, que haciendo uso de las facultades que la ley le otorga, modifica el presupuesto a diario.

El presupuesto, los ingresos y gastos, pasaron a ser un secreto a guardar, reemplazado exclusivamente por la publicación en la página web de los créditos y subsidios pagados, pero ocultando no solo todos los demás gastos, sino esencialmente el presupuesto, los ingresos y la ejecución presupuestaria, que solo se suministró en contadas ocasiones, en forma limitada y a periodistas amigos, o en una ocasión, en respuesta a un prestigioso letrado de la actividad cinematográfica.

De todos modos, la información dada en esos casos espasmódicos, lo fue parcial, incompleta, sin referencia alguna a las partidas del gasto.

Cuando algún periódico publicó datos presupuestarios, los funcionarios sospechados de haberlos dados a publicidad fueron objeto de persecución pública, en actos a los que fue citado todo el personal, y de forma totalmente atemorizadora para ellos y para el resto de los funcionarios y empleados.

---

[45] Miguel S. Marienhoff, ob. cit. supra, nota 31, To. I, p. 674: "Las actuaciones correspondientes a... toda actuación administrativa, por principio son 'públicas'. Debe asignárseles el mismo carácter que a las actuaciones judiciales. Excepcionalmente dejarán de ser públicas, es decir se convertirán en "secretas", cuando motivos especiales así lo requieran. La tesis que propugnase el secreto sistemático de las actuaciones administrativas chocaría con los postulados del Estado de Derecho".

La situación llegó al límite que el propio Consejo Asesor, órgano interno de cogobierno y de Control, tuvo que requerir la información en 2012 por notas presentadas en Mesa de Entradas y luego por Carta Documento, cuyo texto adjuntamos como prueba, desconociendo el resultado de tales intimaciones, ni que información se le dio, ni si el Consejo Asesor finalmente aprobó o rechazó los presupuestos o su ejecución como es su obligación legal, por cuanto el propio Consejo, que publicitó las intimaciones, tampoco dio la información posterior a publicidad.

Como se advertirá a su vez, con el simple examen de los expedientes en que hemos pedido información pública, las acciones de amparo por mora, las admisiones y rechazos, los recursos sin resolver y las excusas recibidas, todo lo cual se ofrece como prueba, obtener hoy la información que debe ser pública del INCAA, pasó a ser una tarea de investigación, difícil de lograr e imposible de hacerlo en forma completa.

9.4. Situación actual

- Lucrecia Cardoso 2014… Peticionamos a ella y al ente que preside, el regreso a la legalidad, lo cual integra el objeto de esta acción.

Conforme ello, solicitaremos a su vez las vistas, copias e información del caso y aspiramos que tanto el presupuesto como la ejecución presupuestaria, vuelvan a ser públicos, como legalmente corresponde.

10. LOS MECANISMOS UTILIZADOS

10.1. Límite legal a los gastos de administración

Si observamos los parámetros de administración que la ley fija y ya fuimos señalando, es muy difícil destinar a los costos de mantenimiento, más de un 10 o en extremo un 20% de la recaudación. Así sucedía al inicio de la etapa autárquica (decreto 1536/02).

10.2. Los gastos de administración

Pasan a superar el 50%, el 60% y el 70%.

Y sin una política sincronizada destinada a ello, es imposible destinar a mantenimiento más del 50%, 60% o 70% de la recaudación, sin generar los mecanismos necesarios para lograr un desvío creciente de los fondos, del destino que la ley expresa y específicamente le asigna.

10.2.1. Para lograr el desvío, fue necesario reducir la producción

Para lograrlo había que conseguir que los recuperos productivos no lleguen a línea de cobranza, lo que no resulta fácil en un Instituto en el cual el apoyo a la producción, con sus virtudes y defectos, era el centro de su organización.

10.2.2. SU IMPLEMENTACIÓN

Para lograrlo, se utilizaron e implementaron 4 mecanismos que resultaron imprescindibles para lograr el desvío.

10.2.2.1. La columna vertebral. Desconocimiento de costos reales

La demora y rechazo hasta el absurdo de los costos de producción, sostenida hasta hoy a capa y espada violando todas las normas de la ley.

10.2.2.2. Desactualización de costo medio y subsidios

El mantener desactualizado el costo medio y los montos de subsidio a abonar.

10.2.2.3. Burocracia creciente

Generar decididamente sistemas burocráticos crecientes y descontrolados, basados en el temor y en la persecución, para demorar indefinidamente los expedientes de producción.

10.2.2.4. Prensa y falseamiento de las estadísticas

Falsear las estadísticas y montar un operativo de prensa que acompañe tal falseamiento.

10.2.3. PRIMER MECANISMO. LA COLUMNA VERTEBRAL. POLÍTICA DE COSTOS DIFERENCIADA

10.2.3.1 Reconocimiento de costos – Objetivo legal

El reconocimiento de costos que debe efectuarse conforme lo dispone el art. 31 in fine de la ley, constituye el tope máximo de subsidios de acuerdo a lo que prevé el primer párrafo del mismo artículo, que a su vez es concordante con los principios que inspiran el Fondo de Fomento.

10.2.3.2. Si se dilatan y rechazan, se produce menos

La presidenta saliente del INCAA, Liliana Mazure advirtió rápidamente que si se retrasan los tratamientos de costos y simultáneamente se rechazan arbitrariamente los mismos, la producción decae y se dilata en el tiempo, se produce menos y los pagos de subsidios disminuyen, creciendo por ende los fondos posibles de desviar.

10.2.3.3. El incumplimiento de los plazos

El ente, con la conducta activa de su Departamento de Costos, actual Gerencia, pasó a incumplir todos los plazos a su cargo, generando demoras inauditas en el reconocimiento de costos.

10.2.3.4. El doble criterio

Generó entonces 3 políticas de costos con doble criterio.

10.2.3.4.1. Política 1. Producción de cine

Una política ilegal de retraso y rechazo hasta el absurdo, para todos los casos vinculados a la producción de películas nacionales.

10.2.3.4.2. Política 2. Concursos y TV

Una política más complaciente hacia los sectores con dinero desviado. Concursos y televisión.

10.2.3.4.3. Política 3. Gastos administrativos

Una política tolerante donde todo pasa, con relación al despilfarro de los fondos desviados.

10.2.3.5. Dolo. El doble standard

El ente no puede desdoblarse en 2.

Debe tener el mismo criterio para revisar las inversiones productivas, como sus gastos de compras, pasajes, contrataciones de seguridad y limpieza, publicidad, rendiciones de funcionarios, obras, reformas, amoblamientos, eventos y festivales, entre otros.

El tener doble parámetro, doble conducta según el origen del gasto, marca claramente el dolo, la intencionalidad, la sincronización, a las que nos referiremos en el capítulo correspondiente.

10.2.3.6. COSTOS DE PELÍCULAS NACIONALES

Su reconocimiento es la base del sistema productivo de la ley. Es por ello, que su desaliento arruinando la posibilidad de los productores de llegar en tiempo y forma a la línea de cobranza, resulta esencial para poder desviar los fondos que les pertenecen.

10.2.3.6.1. Incumplimientos del INCAA

Para llevar esta política adelante, se contó con el liderazgo de la Cdra. Miriam Álvarez, quien a capa y espada, resistiendo todas las peticiones, contradiciendo la ley y sus propios dictámenes, dejando de lado los propios actos del INCAA, dejando de lado los propios contratos del INCAA; contradiciendo los dictámenes de la Gerencia de Asuntos Jurídicos, mantiene hasta hoy los rechazos más absurdos y las dilaciones más logradas.

10.2.3.6.2. Todo ello, con un efecto quíntuple

10.2.3.6.2.1 Permite desviar los fondos a ellos asignados

10.2.3.6.2.2. Elimina toda posibilidad de continuidad productiva

Porque al no cobrar no se reinvierte y se corta la cadena de producción sucesiva, logrando menos producción, menos subsidios y más dinero a desviar.

10.2.3.6.2.3. Deja fuera de la producción a múltiples productores

A quienes coloca al borde de la insolvencia.

10.2.3.6.2.4. Explota la debilidad de los productores

Que deben humillarse en la negociación diaria con el INCAA para poder sobrevivir, ayudando ello a mantener bajo control el nivel de descontentos.

10.2.3.6.2.5. Desalienta la obra artística, y por ende la producción

No debe olvidarse que sin arte no hay cine. El desaliento que provocan estos problemas y retrasos perjudican el entusiasmo y la motivación del artista, en toda la cadena de realización. Todo lo contrario de la función que debe cumplir el INCAA.

10.2.3.6.3.¿A qué límite llegan tales rechazos?

Al límite de firmarse resoluciones de reconocimiento de costos de películas nacionales, estrenadas en salas, cuya copia obra en el INCAA, que dicen:

- Actores, cero

- Técnicos, cero

- Guion, cero

- Dirección, cero

- Cámaras y luces, cero

- Laboratorio, cero

- Sonido, cero

- Otros rubros esenciales al filme, cero

- O todo ello casi cero

Y a veces todo lo que se reconoce es administración y seguros, como si se pudiera hacer una película sin actores, sin dirección, sin técnicos sin laboratorio y entonces, ¿Administrando qué?

10.2.3.6.4. Límites inconcebibles

Como si el reconocimiento de costos de la fabricación de una mesa de madera dijera reiteradamente y a distintos fabricantes:

Madera, cero

Mano de Obra, cero

Como si la dirección de Geodesia tuviera que medir la ruta Buenos Aires – Mar del Plata, que todos sabemos que tiene 404 km Y dijera que la medición le da 25 km.

Si dijera 390, podríamos pensar que hubo un error de medición.

Si dice 25, es claro que se evidencia el dolo.

Y le damos otras rutas a medir, y en forma recurrente reincide en la misma falta.

Y violenta hasta los dictámenes jurídicos del propio ente que integra.

Esto es lo que viene sucediendo, para lograr el desvío de fondos.

10.2.3.7. De la Gerencia de Fomento a la Gerencia de Costos

El Departamento de Costos, hasta 2008 inclusive, formaba parte de la Gerencia de Fomento.

10.2.3.7.1. Los 3 hitos. 2008, 2012 y 2014

10.2.3.7.1.1. 2008. El Departamento cambia de gerencia

Cuando comienzan a llegar estos disparates en los dictámenes de costos, el Gerente de Fomento deja de firmarlos y la actividad se paraliza.

En ese marco, se dicta la resolución actualmente vigente 1888/08, con nuevos límite y restricciones, que pasa a aplicarse retroactivamente en perjuicio del productor.

Ante la protesta generalizada, el INCAA cita a una reunión a productores, atendida por los distintos gerentes, en la cual concurrieron en forma inédita más de 90 productores, y a los cuales se los calmó con promesas que nunca se cumplirían, pero que comenzaron, no un cese de la ilegalidad, sino por el contrario, una política activa de contención hacia los afectados.

El Gerente de Fomento a cargo del área de costos fue desautorizado y afirmó que él no firmaría estos reconocimientos arbitrarios.

En lugar de revisar la legalidad y actuar conforme a derecho, se cambió de Gerencia al Departamento de Costos, y se "solucionó" el tema, colocándolo en el área de la Gerencia de Administración, siguiendo al frente del mismo la Cdra. Miriam Álvarez.

Así se sorteó el tema varios años, navegando en la ilegalidad y conteniendo a los productores, estirando el problema y desviando millones y millones de fondos de la producción hacia otras áreas y partidas.

El sistema hacía eclosión cada mes, pero se lo sostenía y prolongaba, porque cada mes que se mantiene, son más millones que se desvían.

Cuando había producciones a las cuales por distintas razones, no se las quería perjudicar tanto, la propia Cdra. Miriam Álvarez accedía a autocontradecir sus propios dictámenes, y a aprobar costos reales.

En otros casos, los funcionarios de presidencia del ente negociaron con el productor que consienta las pérdidas ilegales por desconocimiento de costos, contra aprobar lo necesario para no dejar deudora a su empresa. Aceptó, la Cdra. Miriam Álvarez contradijo parte de sus dictámenes para llegar al nivel acordado, los productores asociados perdieron su dinero, la productora no quedó deudora, perdió más de $ 200.000 que eran su capital de trabajo y cerró sus puertas, dejando de producir.

Como si hacerlo la cubriera de algo, la Contadora tomó la posición infantil de afirmar y sostener que sus dictámenes no eran tales sino meros informes, y navegando en la ilegalidad, siguió su camino.

10.2.3.7.1.2. 2012. Nace la Gerencia de Costos

Surge un imprevisto

a.   Una película que se quiere proteger, tiene un primer predictamen que indica, que de los 3.385.794 de su costo presentado, se van a rechazar ab initio y analizar solamente $ 106.799,80, o sea que el rechazo abarca desde el vamos a más del 90% de su costo. Ello por cuanto fueron invertidos por su representante y productor asociado, y desde 2008 el INCAA viene rechazando las inversiones de productores asociados y administradores.

b.   Situaciones similares a las de este pre dictamen se aprueban, firman y sostienen todos los días respecto de múltiples productores, pero en este caso las autoridades piensan cualquier trascendido de esta situación puede derrumbar todo el sistema.

c.   Si bien Miriam Álvarez hizo otros dictámenes contradictorios con sus propios actos, en este caso se niega a quedar expuesta con una excepción tan visible.

Liliana Mazure ordena que le den una solución de cualquier forma.

d.   Representando el suscripto a múltiples productores con similares rechazos, soy convocado por personal de Presidencia y de la Gerencia de Administración para indicarme que se acordó entre la presidenta Liliana Mazure y sus Gerentes resolver los temas de rechazo de costos a los productores asociados.

e.   Soy indicado que en 2 de los expedientes a mi cargo se va a dictaminar en favor del reconocimiento de la inversión de los productores asociados, y tales dictámenes se van a extender luego a todos los casos, incluidos los restantes a mi cargo, entre otros.

Pero ocurre un segundo imprevisto.

a)   Luego de emitidos ambos dictámenes y conocidos por sus productores, Miriam Álvarez se siente muy expuesta si los avala contradiciendo, ya en forma definitiva, su sistemática actuación anterior, mantiene su postura y se pronuncia contra los dictámenes de Jurídicos.

b)   A su vez, Liliana Mazure, decide no soltarle la mano a quien ejecuta día a día la política de cercenamiento y dilación de costos.

c)   Desautoriza el dictamen jurídico redactado como ella misma había pedido, y firma la resolución que prepara Miriam Álvarez.

d)   Incumpliendo su obligación legal, lo hace sin respetar el dictamen jurídico y tampoco fundamenta por qué se aparta de él.

e)   Se desata una nueva crisis, similar a la de 2008/9

f)   Ya ningún Gerente quiere avalar los dictámenes de costos de Miriam Álvarez.

g)   Miriam Álvarez se toma vacaciones.

h)   Se nos indica que está paseando 40 días por Europa, lo que no sabemos si es realmente así

i)   Y cuando se reintegra somos informados que se ha creado la Gerencia de Costos, con ella misma a cargo.

j)   Liliana Mazure es candidata a diputada, en un lugar de la lista en que es casi imposible no resultar electa. En pocos meses dejará su cargo en el INCAA

k)   Ello trae un efecto secundario, no menor. Sabiendo que hay cambios de autoridades en poco tiempo y que la designación es temporaria, se postergan las protestas 6 meses más, lo que significa incrementar el desvío en varios millones, antes de irse.

l)   Porque cada día en que se sostiene el sistema, es un día más de desvío de fondos.

m)   Y cada día que se suma, implica una suma mayor del dinero desviado.

n)   Se protegió de otro modo, a la película que se quiso exceptuar, violando las reglamentaciones que el mismo INCAA ha dictado.

Se incorporó como coproductor al administrador o productor asociado.

-    Vencidos los tiempos que la reglamentación autoriza

-    Violando la prohibición reglamentaria de que una persona física sea productor de Primera Vía

-    Sin pedir, como se hace en toda coproducción, la conformidad del coproductor extranjero

-    Con un dictamen jurídico que no ve nada de ello abandonando su minuciosidad habitual.

-    En tiempo record de pronunciamiento del comité, contrastante con los tiempos habituales.

-    Y evitando que la solución sea igual para todos los afectados. Porque todos pueden pedir la misma solución legal. Pero la ilegal no es extensible.

10.2.3.7.1.3. 2014. Nace el GRUPO de TRABAJO de Costos

Lucrecia Cardoso es designada en la presidencia del INCAA, y rápidamente advierte la gravedad del problema que le toca recibir en esta área.

El atraso en los montos de costo medio y de subsidios, las irregularidades en el reconocimiento de costos, y el pedido de que la cdra. Miriam Álvarez sea separada del área, se convierte en el tema central de cada una de sus reuniones con productores y/o con asociaciones de la industria. Algunos de ellos lo solicitan posteriormente por escrito.

Por Resolución 93/2014 se crea un Grupo de Trabajo para reanalizar la normativa en materia de reconocimiento de costos.

Si bien en teoría esta Comisión analizará la normativa futura, como una muestra de esperanza, se suspenden los plazos para dictaminar y para las presentaciones de los productores.

Entre los fundamentos dados para el dictado de la resolución se dice:

... Que... productores y asociaciones que los nuclean acercaron de manera continua distintas opiniones y aportes en pos de agilizar los procedimientos de reconocimiento de costos.

Que los temas abordados por los distintos actores de la industria cinematográfica en relación al reconocimiento de costos... resultan de una recurrencia marcada.

Que asimismo... se estima necesario introducir modificaciones respecto de la materia en cuestión que permitan llevar a cabo un mejor y más ágil análisis de los costos de producción.

Queda aclarado que la enunciación del problema, en forma general, lo es al solo efecto del presente en el cual se reclaman los daños y perjuicios causados por la malversación de fondos y no los particularmente causados a cada actor por el desconocimiento ilegal de sus costos, los que deben ser materia de acciones individuales separadas, las que desde ya se ofrecen como prueba en autos.

10.2.4. SEGUNDO MECANISMO. COSTO MEDIO y MONTOS DE SUBSIDIOS

Es este el segundo mecanismo utilizado para posibilitar el desvío.

Ya hemos visto en el punto 6.2.1 y siguientes como se incumple la obligación legal de establecer anualmente el costo de una película nacional de presupuesto medio.

Dado que este costo, es el parámetro que la ley y la reglamentación establecen para fijar el monto de los subsidios, el mantenerlo artificialmente desactualizado, posibilita la malversación y el desvío.

10.2.4.1. El reclamo de la AGN y su respuesta

Ya en 2009, la Auditoría General de la Nación advirtió que no se estaban aplicando a subsidios los montos que fija le ley.

La AGN textualmente dijo:

"El INCAA no ha elaborado un plan estratégico y un plan operativo anual compatible con su misión, funciones delegadas y presupuesto. Ello dificultó a la vez, implementar un conjunto de acciones coordinadas, eficientes y eficaces para fomentar la actividad cinematográfica...

Las debilidades de gestión verificadas durante el periodo revelan la ineficiencia del INCAA y la fragilidad de su estructura de control interno...".

Determinó a continuación que no se aplicaron a subsidios a películas nacionales el 50% de los montos recaudados, como fija la normativa aplicable.

El INCAA, a través de su presidenta Liliana Mazure, contestó textualmente:

Buenos Aires, Setiembre de 2009... En el proyecto de Informe, se hace referencia a un indicador, para intentar demostrar la supuesta ineficiencia de la aplicación de los recursos de que se nutre el Fondo de Fomento Cinematográfico. Si bien puede resultar cierto, que el porcentaje de ingresos no aplicados fue del 24,39 %... debemos aclarar algunas cuestiones que son de fundamental importancia para aclarar la observación efectuada. En primer lugar, el artículo 29 de la Ley N° 17.741 establece que: "El subsidio a la producción de películas nacionales será atendido con la parte de la recaudación impositiva resultante de la aplicación del porcentaje que fije el PODER EJECUTIVO NACIONAL en la reglamentación de la presente ley, sin exceder globalmente el CINCUENTA POR CIENTO (50%) de dicha recaudación", es decir, que la Ley es clara al respecto, en el sentido de que no se podrá exceder el 50 % de la recaudación impositiva, pero no dice que debe pagarse ese porcentaje en su totalidad, solo fija un límite.

Dicha previsión normativa, encuentra sustento en los hechos y la dinámica de la industria cinematográfica y en el sistema establecido por el INCAA para la percepción de los subsidios por otros medios de exhibición. En este sentido, debemos señalar que una película se encuentra en condiciones de percibir el subsidio por otros medios de exhibición, luego de cumplir los siguientes requisitos: a) Estreno en salas cinematográficas… b) (con) la edición de al menos UN MIL (1000) videos…

En virtud de las explicaciones vertidas precedentemente, se concluye, que el pago del 50 % de la recaudación impositiva destinada al pago de subsidios, depende de que el productor acredite el cumplimiento de los requisitos exigidos por la normativa.

A los fines de esclarecer lo expuesto, se podría dar un ejemplo absurdo, que facilitaría la comprensión de la ejecución presupuestaria en el rubro subsidios.

Supongamos que durante un ejercicio anual completo no se estrene ninguna película, la ejecución presupuestaria en el rubro subsidios será casi nula, con excepción de lo que se deba abonar en concepto de subsidios generados en ejercicios anteriores. … Liliana Mazure.

10.2.4.2. Análisis de las respuestas

10.2.4.2.1. Las inconsistencias de las mismas son evidentes

10.2.4.2.2. Omite 2 temas

10.2.4.2.2.1. El INCAA fija los subsidios

El monto del subsidio por otros medios de exhibición también llamado por medios electrónicos lo fija el propio INCAA y lo mantiene congelado a contramano de sus obligaciones legales.

10.2.4.2.2.2. Y también los regula con el reconocimiento de costos

Entre tales requisitos para la determinación del subsidio está el reconocimiento de costos, que la propia Liliana Mazure junto a su gerente Miriam Álvarez se encargan de evitar, dilatándolo y generando rechazos ilegítimos totalmente apartados de la verdad material.

10.2.4.2.3. Una frase a destacar

Cuando Liliana Mazure dice "…se concluye, que el pago del 50 % de la recaudación impositiva destinada al pago de subsidios, depende de que el productor acredite el cumplimiento de los requisitos exigidos por la normativa.", marca el pleno conocimiento de la sinrazón de sus actos.

Porque precisamente su política fue expresa y dirigida a trabar y dificultar que estas acreditaciones se reconozcan, lo que sumado a la magnitud del desvío de fondos hacia gastos improductivos a los cuales no les exigía el mismo standard de revisión, hacen mucho más gráfica toda la situación que se ha vivido.

10.2.4.2.4. El dolo

Y esta comparación de sus conductas con sus propias expresiones, y excusas para intentar justificar su incumplimiento legal, hace evidente el dolo.

10.2.4.2.5. A similar conclusión se arriba

Cuando vemos que subraya en la norma de la ley el tope que la misma le da al Poder Ejecutivo para sus facultades reglamentarias y deja sin destacar el apartado aplicable de la norma que dice:

"Art. 29. El subsidio a la producción de películas nacionales será atendido con la parte de la recaudación impositiva resultante de la aplicación del porcentaje que fije el Poder Ejecutivo Nacional en la reglamentación de la presente ley".

Y el texto del Decreto 1527/12, al igual que sus antecesores, que claramente expresa:

"Artículo 1° — Fíjase en un CINCUENTA POR CIENTO (50%) la parte de la recaudación impositiva que establece el artículo 21 incisos a) y b) de la Ley N° 17741 (t.o. 2001), y el artículo 97 inciso a) de la Ley N° 26522, la que se destinará en cada ejercicio financiero para atender los subsidios a la producción de películas nacionales".

10.2.4.3. Las normas son claras e imperativas

"... será atendido con..."

"... la que se destinará en cada ejercicio financiero para..."

Resaltar el párrafo que limita al Poder Ejecutivo en el porcentual a reglamentar, e intentar concluir de ello que se trata de un límite a no traspasar y no del destino que debe darse al dinero administrado, es un mecanismo insostenible para intentar avalar el desvío.

10.2.4.4. A su vez, la siguiente defensa tampoco resiste su análisis

Basa la misma en intentar derivar la responsabilidad a los productores que no cumplen los requisitos para acceder a los subsidios, obviando:

Que entre los requisitos omite en forma inexplicable las cuestiones de presentación y aprobación de costos, tema que le resulta ríspido por los motivos ya expuestos.

Que el monto de los subsidios por otros medios de exhibición y del costo medio no es fijado por los productores, sino por el propio INCAA conforme arts. 29 y 30 último párrafo de la ley de cine, y que el incumplimiento de esta obligación es lo que mantiene paupérrimos los montos de los subsidios.

Es el INCAA quien, como administrador, al fijar los montos, direcciona cuáles serán los fondos requeridos por los subsidios.

La fijación del costo medio en el período autónomo y su evolución con relación al presupuesto del INCAA se detalla en lo que sigue.

10.2.4.5. Cuadro 3. Evolución del presupuesto y costo medio

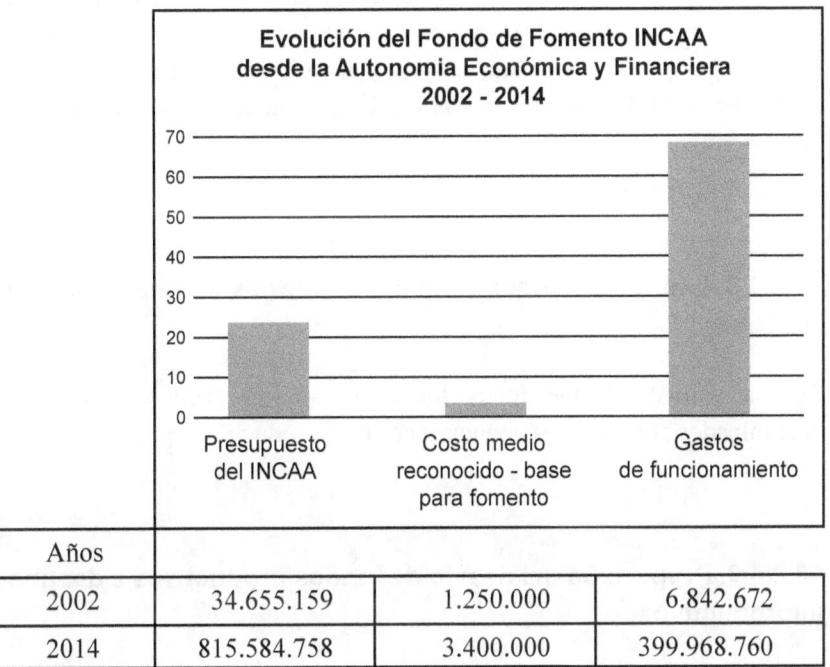

Años			
2002	34.655.159	1.250.000	6.842.672
2014	815.584.758	3.400.000	399.968.760

Ya hemos visto la importancia de cumplir la obligación legal de fijar anualmente el costo medio, conforme a la realidad, porque es la base de todo el sistema de fomento de la ley y de la reglamentación del subsidio principal, que es el subsidio por medios electrónicos.

El no hacerlo y el mantenerlo achatado y fuera de realidad –como claramente se aprecia en el gráfico– es lo que permite el desvío del dinero del Fondo de Fomento hacia gastos de funcionamiento en una magnitud que se aprecia en la tercera columna del cuadro.

10.2.4.6. Magnitud

Su sola vista, genera zozobra en quien lo hace y lo lee. Es trágico que pueda ser, y lamentablemente la tragedia es real.

10.2.4.7. Desfasaje entre el costo medio y la realidad

El cuadro nos muestra el desfasaje entre los ingresos del INCAA que se actualizan con la realidad (valor de la entrada de cine, valor de la venta de videos y valor de la publicidad en TV), y el costo medio que el mismo ente determina. También, entre este y el crecimiento de los gastos que destina a funcionamiento.

10.2.4.8. Las resoluciones resultan contrarias a la naturaleza de las cosas

Resulta antinatural que todos los costos de la economía suban en determinados porcentuales, menos el costo de producir una película.

10.2.4.9. Proporción del desvío de fondos productivos a destinos improductivos

El cuadro nos muestra también, en consecuencia, adónde se desvían los fondos que se quitan a la producción y en qué proporción.

10.2.4.10. En síntesis

Es el INCAA quien, a través de la fijación del costo medio y del subsidio a asignar a cada categoría de películas, regula la aplicación del Fondo de Fomento que administra.

10.2.4.11. Mantenerlos congelados, en valores irreales

Incumplir la obligación legal de revisarlos y fijarlos anualmente y simultáneamente excusarse en que la causa del desvío de fondos no es que no se fijan subsidios adecuados, sino que los productores no producen, es un razonamiento falso, que no refleja la realidad.

10.2.4.12. La plena conciencia de la ilegalidad de sus actos

Por imperio de la nueva burocracia y de regulaciones dictadas por el INCAA, cuyo destino y finalidad son los ya vistos y cuyo análisis pormenorizado será tratado en juicios específicos sobre costos cuyas actuaciones ofreceremos como prueba, el INCAA debe analizar y aprobar o rechazar los presupuestos de cada película en particular y sus incrementos, previo al inicio de rodaje.

10.2.4.13. Parámetros normales en el análisis individual

A tal fin, en forma constante y recurrente considera "parámetros normales" sin necesidad de mayor análisis los incrementos que no superan el 30 o el 35% anual de incremento, y considera necesario analizar en detalle a través de comités, los que superan tales porcentuales.

Ello en forma reiterada a través de numerosos dictámenes y resoluciones.

10.2.4.14. Estos parámetros que considera "normales"

Cuando se analiza cada presupuesto individual, son absolutamente contradictorios con los que utiliza para fijar el costo medio, que lo mantiene congelado en valores gravemente inferiores a ello.

10.2.4.15. Nuevamente el doble criterio, que ya vimos en el análisis de costos

El doble standard nace en cada tema en que facilita el achatamiento de créditos y subsidios y, por ende, el desvío de fondos hacia otras áreas.

10.2.4.16. Pericia técnica

Para no seguir abundando en detalles numéricos, debe someterse la comparación a pericia técnica, a fin de acreditar nuestras afirmaciones.

10.2.4.17. Las peticiones de DAC y el caso omiso sin respuesta fundada ni análisis

Dos años atrás, la DAC asociación que nuclea a directores de cine, contrató un especialista para determinar el costo medio a ese momento y acercarlo al INCAA para que cumpla su deber legal.

10.2.4.18. Desfasaje mínimo

Para su cálculo, fue harto prudente, estimando hacia abajo incluso más allá de lo real.

Aun así, en aquel momento se advierte al INCAA sobre que el desfasaje ya alcanzaba al 48%.

El INCAA, presidido por una productora de cine que tenía ello muy claro, sigue haciendo caso omiso a su obligación legal.

10.2.4.19. Presupuesto detallado

Se presentó un presupuesto claramente trabajado y detallado que agregó como Anexo. El INCAA no rebatió ninguno de sus rubros ni detalles. Simplemente siguió sin cumplir su obligación de fijación anual.

10.2.4.20. Costo medio y costo promedio

Antes de entrar en el análisis, debemos decir que la ley fue precisa al requerir la fijación de costo medio, que no es igual a costo promedio, sino al costo de realización de una película media. Los redactores de la ley explicaron en su momento que, si un año se producían mayoritariamente superproducciones o telefilms, el costo promedio se elevaría o reduciría artificialmente, lo que no es el objetivo de la ley[46].

10.2.4.21. Consecuencias

Ello sin imaginar siquiera que una política de achatamiento de su valor como la actual, sumada a la dilación en actualizarlo y al desconocimiento recurrente de los costos reales, desalienta la inversión logrando que la producción sea cada vez más paupérrima y menos industrial.

.

---

[46] Julio Raffo. ob. cit. supra, nota 24, p. 137 "El inciso a) del artículo 33 de la LC hace referencia al costo de una película de presupuesto 'medio' como parámetro en la determinación de los índices que deben tenerse en cuenta al reglamentarse los subsidios por exhibición en salas de cine o en otros medios de exhibición ('medios electrónicos'), y ello lleva a plantear la pregunta respecto a cómo se determina el valor de un presupuesto 'medio'.
Si bien esa determinación está a cargo del INCAA, quien debe actualizarla anualmente de conformidad con lo que la ley dispone, su cálculo no puede ser arbitrario y debe ajustarse a lo que, según las matemáticas estadísticas, es un rango o valor 'medio'.
El valor medio de una serie de cantidades no debe confundirse con el valor 'promedio' o 'media aritmética' con la 'mediana' o la 'moda' de esa misma serie.".

10.2.4.22. ¿Qué es lo que la DAC NO incluyó?

La DAC– que ya así encuentra un desfasaje del 48% para llegar a ese valor medio– no incluyó:

a. Libro Original, partiendo de no llevar al cine obras preexistentes, como novelas u obras de teatro.

b. Story Board, que resulta propio de toda producción.

c. Copias de guion, que toda producción necesita por decenas para técnicos, actores y como material de trabajo.

d. Director asistente, del que se puede prescindir para generar un costo más modesto.

e. Director de producción, omisión poco feliz, porque no existe ya producción que no lo requiera.

f. Coordinador de postproducción, que con las nuevas tecnologías, resulta también imprescindible.

g. Material de archivo, necesario en múltiples producciones.

10.2.4.23. Y aparte de lo omitido o prescindido

a. Estimó realizar la producción total de la película en 4 meses, reduciendo los costos de personal técnico, administración, movilidad, etc., pero sabiendo que no hay ni una sola película en los últimos 20 años (o muchísimos más) que se haya producido en 4 meses.

b. En semanas de 5 días, cuando habitualmente son de 6, incluyendo los sábados.

c. No incluyó ningún domingo ni feriado, que por la dinámica de la producción son imprescindibles habitualmente.

d. No consideró ningún gasto imprevisto ni imponderable, de ninguna naturaleza, cuando no existe ni una sola película que no los tenga, ni ningún presupuesto de servicios de producción que no los incluya en un porcentual no inferior al 10% del mismo.

e.   Limitó las horas extras a valores irreales, cuando toda jornada habitual de producción es actualmente de 11 hs., incluyendo 2,15 horas extras, a lo que se suma el tiempo de desarme u otros que hacen imposible no tenerlas.

f.   Partió de contar con solo 2 reflectoristas o eléctricos, lo que es notoriamente insuficiente.

g.   Partió de que no hay refuerzos de personal técnico en toda la producción.

h.   Redujo la cantidad de semanas de cada técnico, por ejemplo, dejando semanas sin asistentes de producción; colocando técnicos con media semana o 20% de semana, que no condicen con la realidad habitual; reduciendo el trabajo del director de fotografía en corrección de color y efectos a 2 semanas, entre otros.

i.   Partió de valores para el elenco que no permiten contratar a ninguna primera figura que realce la película.

j.   No estimó ninguna hora extra para actores y extras, ni siquiera pruebas de vestuario o maquillaje.

k.   No incluyó ninguna escena ni de baile, ni de música, ni de canto.

l.   Partió de que no hay filmación en estudio.

m.   Tomó valores inconseguibles en vestuario y maquillaje.

n.   Partió de música que se adapte exclusivamente a los mínimos de SADAIC, sin ninguna pretensión adicional.

o.   Partió de precios paquete mínimos y ultra básicos que el INCAA ya no acepta, sin ningún adicional, que son habituales tanto en laboratorio como en sonido.

p.   No consideró intermedio digital, imprescindible, ni efectos especiales digitales, imposibles de incluir en la cifra agregada.

q.   Tomó valores de foto fija y bajadas de material que no admiten ni los costos del soporte, ni el valor del CCT vigente para quien realiza el trabajo.

r.   Y, en general, consideró valores que no son obtenibles en el mercado en muchos rubros.

10.2.4.24. ¿Por qué tanta prudencia y autoajuste más allá de lo real y lo posible?

Porque se buscaba una corrección real y posible frente a las autoridades del ente, y aun con tantas limitaciones, el valor arrojaba un desfasaje del 48%, pero tampoco ello fue logrado.

10.2.4.25. Con relación al IVA

En la producción de cine, el IVA es un gasto, ya que ni los créditos ni los subsidios recibidos lo llevan, por lo cual no se alcanza a descargarlo como crédito fiscal. Pese a ello, a partir de 2008, el INCAA no admite reconocer su costo.

10.2.4.26. La Nota de la DAC con la cual presentó su trabajo y su pedido, textualmente dice

Como entidad gremial de los directores, DAC -con el único propósito de contribuir con un nuevo instrumento profesional a la labor del Instituto a vuestro cargo- encargó al reconocido productor Luis Sartor, el desarrollo de un Presupuesto Medio de Película Nacional de Ficción, entendiendo que este emblemático costo establece por sí solo, según lo establece la Ley de Cine, todas las demás condiciones de fomento y realización del cine argentino.

Dado el avanzado presente tecnológico que permite múltiples formatos de producción, exhibición y estilos de obras audiovisuales, sin ponderar ninguno en particular ya que todos son apreciables, visualizamos para este cálculo de costos, un sistema industrial apto para brindar verdaderas fuentes de trabajo para directores, guionistas, técnicos, actores y administradores; incluyendo sus aportes impositivos, previsionales y sindicales completos tal como corresponde. Posibilitando a la vez un estreno comercial cuya taquilla no solo devuelva al INCAA los recursos erogados, sino también a los auténticos productores que invierten capital, los beneficios e incentivos buscados para continuar produciendo. Un escenario de inclusión social que favorece a la vez los resultados creativos del director, el arte y la actividad cinematográfica, tal como lo propicia el Gobierno Nacional.

El presupuesto desarrollado, el cual puede verse en forma detallada en: (Link a detalle completo en nuestro sitio) con SEIS semanas de rodaje, 34 técnicos, DOS actores protagónicos, CUATRO secundarios, EXTRAS, unas 20 locaciones y música original grabada a tal efecto, con final en la más alta calidad de imagen y sonido Dolby en negativo de 35 milímetros, resulta un total de $4.510.667. con IVA incluido.

Pero estrenar requiere también como se sabe un presupuesto de lanzamiento que incluye en este supuesto 30 copias y publicidad sumando $579.468. a los costos establecidos. Lo que arroja un total de $5.090.135.

Siendo $2.800.000. el Presupuesto Medio actualmente reconocido para una Película Nacional, el real es por lo menos 48% mayor, sin considerar la incidencia del IVA en su total de acuerdo al reconocimiento de costos vigentes y sin incluir tampoco el mínimo requerido para un lanzamiento capaz de otorgar al estreno una taquilla que lo sustente y que logre convocar efectivamente al público argentino a ver el cine producido en su propio país.

No omitiendo anteriores propuestas de nuestra entidad ante el INCAA, queremos destacar también, un punto que resulta imprescindible para la feliz terminación de los proyectos a realizar. Esto es, el estricto cumplimiento de los pagos de los Créditos de Fomento a la actividad en las fechas acordadas por sus Mutuos. Para lo cual se hace imperiosa la derogación de la Resolución que limita el pago de los mismos a la disponibilidad de fondos. Hecho este que era necesario cuando el organismo dependía del Ministerio de Economía y que en la actualidad solo provoca innecesarias demoras en la terminación de los proyectos y graves perjuicios económicos para la producción, que puede ser evitado con una planificación más ordenada y priorizando el objeto principal del INCAA: fomentar la producción cinematográfica conforme a lo establecido en nuestra Ley de Cine en su Art. 29 inciso a): "prioritariamente facilitando la recuperación del costo de una película nacional de presupuesto medio y según lo establezca anualmente el INSTITUTO NACIONAL DE CINE Y ARTES AUDIOVISUALES".

Luego de reconocer un Presupuesto Medio más cercano a la realidad, proponemos actualizarlo en forma anual, utilizando como índice un promedio de los aumentos anualmente aceptados para los sindicatos de la actividad audiovisual y proveedores regulares de insumos y servicios de esta industria nacional.

Esperamos que esta contribución permita alcanzar algunas resoluciones que beneficien al cine argentino y al conjunto de toda su industria.

10.2.4.27. Pese a ello

La actualización por parte del INCAA sigue sin cumplir los parámetros ni tiempos legales, y el INCAA pretende excusarse de que no cumple su cometido porque los productores no cumplen los requisitos, incluyendo en forma vulgar en reuniones públicas ante productores frases tales como "cuando traigan todos los papelitos como corresponde, van a cobrar".

10.2.4.28. La falacia de la no disponibilidad presupuestaria

Se queja la DAC frente al no pago por supuesta ausencia de disponibilidad presupuestaria.

A tal excusa, que imposibilita la producción sostenida, la llamamos "falacia" por cuanto:

A partir del Decreto 1536/02, es el INCAA quien dicta su propio presupuesto y distribuye sus partidas.

De hecho, modifica a diario la distribución en partidas.

Las partidas legales de créditos y subsidios están subejecutadas, tal como surge del objeto principal de esta demanda.

Utiliza un doble criterio, incumpliendo tiempos y pagos con la producción, pero no con sus restantes obligaciones.

Se diluye y elimina así el capital de trabajo. ¿Cómo sucede? Es claro a su vez que si a un productor se le debe, por ejemplo, $ 1.000.000 en reintegro de lo ya gastado y se le abonan, produce una nueva película; pero, si en lugar de ello, se le abonan sin previsibilidad 10 cuotas espaciadas de $ 100.000, más allá de la inflación, se le diluyen en gastos de la productora disminuyendo su posibilidad de hacerlos realmente productivos.

10.2.4.29. Y el silogismo dice

Que a menor capital de trabajo, menor producción y a menor producción cinematográfica, más dinero susceptible de ser desviado.

10.2.5. TERCER MECANISMO. BUROCRACIA ARTIFICIAL CRECIENTE

Todo este sistema se ve acompañado por un crecimiento artificial de la burocracia.

Y al igual que los mecanismos precedentemente descriptos, a mayor burocracia, más dilación. A mayor dilación, menos producción. Y a menor producción, más fondos a desviar.

10.2.5.1. A partir de 2008, la Gerencia General

Pasó a cumplir de hecho una función puramente protocolar, sin cumplimiento de ninguna de las funciones habituales de coordinación de todas las áreas del organismo, careciendo a partir de allí de funciones prácticas.

10.2.5.2. Esta ausencia de coordinación decidida e implementada

En la cual el Gerente General no cumple ninguna función real, generó por sí sola un sistema burocrático celular en el cual cada funcionario puede establecer los requisitos que considere sin una coordinación global, multiplicando la burocracia y la contradicción.

A ello se suma y como efecto de la misma decisión que en múltiples expedientes las Gerencias pelean entre sí por aplicar sus criterios, con un único perjudicado: el productor en lo individual y la producción cinematográfica, razón de ser del INCAA, en lo general.

Toda esta situación generó a su vez un temor generalizado a quien quisiera facilitar la producción, lo que motivó que los funcionarios olviden su rol, su capacitación y su lugar en el escalafón, para remitir a la Gerencia de Asuntos Jurídicos multiplicidad de eventos y casos que deben resolver por sí, lo que genera mayores dilaciones en la tramitación.

Simultáneamente, la Gerencia de Asuntos Jurídicos se queja en los expedientes de todo ello, que sobrecarga artificialmente sus tareas.

10.2.5.3. La actividad de la Gerencia de Fomento

La Gerencia de Fomento, que siempre tuvo a cargo la actividad medular del INCAA, llena de vida y funciones, se apagó en la práctica, quedando reducida a un sector con funciones desdibujadas, colmado de trabajo burocrático y despojado de su actividad productiva, otrora tan rica.

La obediencia debida, el temor y la burocracia creciente reemplazaron también allí, en lo que fue el corazón del ente, la función esencial del INCAA, que es la administración del Fondo de Fomento.

10.2.5.4. Todo ello se sobrecarga a su vez

Con medidas puntuales, por ejemplo, la dificultad en tomar vista y copias y el sistema de notificaciones.

10.2.5.4.1. Vista y copias

Fotocopiar lo actuado en un expediente implicaba desde siempre un sistema normal y corriente que llevaba apenas unos minutos. Se pedía el expediente en la oficina que se encontrara, se prestaba contra entrega de la credencial o documento y constancia en el libro de préstamos o, según los casos, quien peticionaba era acompañado por personal del INCAA.

De un día para otro, mediante la exhibición del cartel en copia adjunto, se abandonó el sistema que por años funcionó perfectamente, las vistas y copias debieron comenzar a requerirse por escrito, y lo que demoraba minutos pasó a demorar meses de trámites burocráticos hasta que se logra efectivizar.

10.2.5.4.2. Las notificaciones

Se hacían por parte del personal actuante en cada caso, en forma personal, en cuestión de días u horas, previo llamado o correo electrónico al productor.

Personas como el suscripto que por su actividad profesional atienden varios expedientes y concurren diariamente al INCAA, al acercarse se le entregaban todos los expedientes en los que había novedades a notificar y se notificaba de todos ellos en cuestión de minutos.

10.2.5.4.3. Ello se modificó y reemplazó

Por un sistema burocrático a través del cual se notifica en general por carta documento sin copias de las actuaciones que hay que pedir por separado, tardando días y hasta meses o años en practicar cada notificación, reteniendo en el ínterin el expediente en la oficina de notificaciones hasta que la misma resulte satisfactoria.

10.2.5.4.4. Esta burocratización artificial llega al absurdo

Que, por ejemplo, en el caso del suscripto, mientras me ven y saludan todos los días, me notifican de algunos expedientes entregándome copias, en algún otro me notifican por carta documento y hasta por edictos, porque en ese expediente no han encontrado el domicilio.

10.2.5.4.5. O que a una persona que concurre habitualmente al INCAA

Y trata con los distintos funcionarios, incluida su presidenta, se la trata como si no se la conociera y hubiera imposibilidad de notificarlo, se libra oficio a la Policía para que lo ubique y lo notifique, generando además de una pérdida de tiempo valioso, un operativo policial en su hogar, innecesario y con el malestar y zozobra que provoca.

10.2.5.4.6. O de un gerente del organismo, que concurre a diario

Pero que sus colegas gerentes, que hablan y tratan con él a diario, dicen que no saben dónde ubicarlo y se tarda más de un año en notificarlo. Parece kafkiano, pero vamos a probarlo.

10.2.5.4.7. Todos estos absurdos no son la excepción

Se constituyeron en la regla. Son la forma en que se transformó algo simple en algo kafkiano.

10.2.5.4.8. Y el resultado

El mismo de cada medida, que se sincronizan hacia un mismo fin: mayor dilación en la producción. Mayor dilación en que cada una llegue a estar en situación de cobranza. Menos pagos de créditos y subsidios. Más dinero a desviar.

10.2.5.5. Observaciones por distintas vías

Debo decir que, ante cada uno de estos hechos, ante los distintos casos a mi cargo, me apersoné a expresar mis disidencias y a evidenciar los problemas que se generan, en forma directa ante las autoridades.

10.2.5.5.1. Por las funciones del Gerente General

Lo expresé en forma directa, evidenciando los problemas que generaba el sistema celular y sin coordinación que se estaba generando. Siguieron su camino.

10.2.5.5.2. Cuando se evidenció

Que se estaba creando la oficina de notificaciones, lo hablé con el Gerente de Asuntos Jurídicos, haciéndole ver, más allá del máximo respeto que nos merecen las personas a las cuales se les asigna tal función, las consecuencias de modificar un sistema que funcionaba perfectamente por otro que multiplicaría la burocracia, siendo que atrás de cada expediente hay una producción. No modificaron su decisión.

10.2.5.5.3. Cuando se modificó

El sistema de vista y copias y vi que los minutos se transformaban en meses, lo hablé con el gerente a cargo, me derivó al Auditor del ente, que era quien lo había pedido, y este, tras reconocer que no era razonable, me indicó que era una decisión tomada sin marcha atrás.

10.2.5.5.4. Y así en cada caso, hasta la situación actual

Que se complementa con la existencia de múltiples expedientes en que las vistas nunca se conceden, a pesar de contar con interés legítimo.

Toda esta burocratización se digita muchas veces, a su vez, sin criterios uniformes, utilizando a través de la arbitrariedad un sistema de premios y castigos asistemático que tiende a obligar a la producción a la absoluta dependencia y obsecuencia.

En lugar de trabajar con la ley, se pasó a trabajar haciendo valer ilegal y discrecionalmente, la chequera y el castigo.

Este sistema de burocracia creciente y discrecionalidad constante genera, a su vez, a productores INCAA dependientes, que necesitan de la buena voluntad del INCAA para poder seguir trabajando, colocándolos en un absoluto estado de necesidad, lo que también facilita la complacencia y el desvío.

10.2.5.6. Ello sin contar con la exigencia

Muchas veces dada de que el productor actúe sin patrocinio letrado y suscribiendo y firmando cuanto escrito se le solicita, por el estado de necesidad en que el propio sistema lo coloca de suscribir lo que sea, como único medio de seguir trabajando.

10.2.5.6.1. Es en este estado de presión extrema y de necesidad

Que muchas veces se logra que firmen escritos de consentimiento con lo inaceptable, contra el seguir produciendo a cuentagotas, manteniendo el estado de presión en el cual, quien osa desobedecer o ser siquiera sospechado de adversario, deja de cobrar, deja de tener un trámite mínimo en sus producciones y deja de trabajar.

No son pocas las reuniones en las que nos toca participar en asociaciones de productores, en las cuales la mayoría decide callar y agachar su cabeza, antes que asumir el riesgo de dejar de ser atendidos en el INCAA.

10.2.5.7. Todo esto conduce al mismo camino

En lugar de contar cada productor con los fondos para la continuidad productiva, convierte al sistema en una carrera de obstáculos burocráticos cada vez más difícil de franquear en tiempo y forma.

10.2.5.8. Este, junto a los restantes mecanismos, logran a su vez

La pérdida y el desaliento, con el agravante de que una vez que el productor logra traspasar todas estas vallas artificiales que se le imponen, se encuentra al final del camino con el ariete principal, que es el desconocimiento artificial e ilegal de sus costos, sumado a las liquidaciones insuficientes, con las no compensaciones, y con los pagos en mora y espaciados, desviando los fondos también en esta etapa.

Solo el conocido ingenio y capacidad de adaptación argentinos permite que aun así siga habiendo producción, pero no nos extrañemos:

- Si nuestro cine no es competitivo;

- si producimos del 2 al 3% del cine comercial mundial y participamos del mercado mundial en el 0,00012 %.

Se ha dicho públicamente una y otra vez que exportamos US$ 600 millones al año y que somos el 4° país exportador del mundo en la materia, cuando en la realidad exportamos menos de U$S 5 millones al año, nuestro lugar real en la exportación mundial está muy por debajo, se incumplen los arts. 47 y concordantes de la ley de cine y no se lleva ningún control ni estadística de ello.

10.2.5.9. No nos extrañemos tampoco

Si las autoridades hablan reiteradamente de 100.000 puestos de trabajo al año[47], cuando el SICA, sindicato que representa a los técnicos de la actividad, nos indica con precisión que han sido, por ejemplo en 2012, 1.166 los técnicos empleados en largometrajes[48].

Si vemos a su vez que, conforme el análisis de las actividades del sector, teniendo en cuenta los empleos directos e indirectos (actores, directores, guionistas, extras, proveedores y exhibidores), los técnicos representan el 10,87% del empleo total generado por la producción cinematográfica[49], concluimos que las cifras reales son casi 10 veces inferiores a las publicitadas por las autoridades del INCAA.

10.2.5.10. Si tenemos un Fondo de Fomento

Cuya estructura es elogio en cada país donde vamos y uno de los Institutos de

---

[47] Ver v.g. *Ámbito Financiero*, Liliana Mazure – 7/7/13.

[48] Deisica 2012, p. 22.

[49] Trabajamos por el Cine – 2008 – p. 16.

Cine con mayor presupuesto en el mundo, si no el mayor, y una producción paupérrima.

10.2.5.11. Y todo ello se explica porque en la realidad

Tenemos un sistema que por los objetivos de incumplimiento que se ha propuesto, necesita retrasar y rechazar las películas y sus pagos y, mantener artificialmente deudores a los productores, para poder sostener un desvío de fondos estructurado, lo que explica lo inexplicable cuando se intenta analizar el porqué de cada accionar, y permite analizar con mayor claridad cada uno de los aspectos en juego.

10.2.6. CUARTO MECANISMO. MODIFICACIÓN DEL CRITERIO ESTADÍSTICO
PRENSA Y PUBLICIDAD
10.2.6.1. Hasta 2008

Se consideraba estrenos a los efectos de la estadística del INCAA y del análisis de la evolución de la producción a los estrenos en salas cinematográficas de películas nacionales de ficción, entendiendo por películas nacionales las que la ley define.

10.2.6.2. A partir de 2008

Se comienzan a difundir estadísticas, incorporando como estrenos a otros productos audiovisuales, que aunque formalmente se hayan estrenado en alguna sala, forzados por la reglamentación, son de otra naturaleza.

Son productos audiovisuales respetables y válidos, como cortometrajes, documentales hechos para TV u otros, pero que no constituyen películas nacionales en los términos tipificados por la ley de cine, y que deben ser fomentados, en la medida que formen parte del universo definido en el art. 73 de la misma, con el restante 50% no aplicado a subsidios a películas nacionales.

Lo cierto es que, hasta 2008, se producían en cantidad y calidad, pero nunca se incluyeron en las estadísticas de estrenos de películas nacionales.

Este "salto metodológico incorrecto" en los criterios de exhibición y estadísticas del cine, que modifica incluso las tipificaciones de la ley, que se produce a partir de 2008, sin haber dado aviso público de este cambio, crea una imagen de la realidad muy diferente de la realidad misma.

Y aparenta existir un aumento de la producción que oculta el desvío de fondos, cuando en la realidad ha disminuido la producción industrial de cine, la de películas nacionales largometrajes de ficción, que es la que la ley y el uso lingüístico de la población reconoce como "películas".

Que es la que constituye el objeto de fomento expreso de la ley.

Y con estos cambios que confunden con el uso de las palabras, solo los integrantes experimentados de la industria del cine tienen clara la situación verdadera.

10.2.6.3. Historias breves. ¿Cuál es el límite?

Y en este "cambio metodológico incorrecto", se llega a límites difícilmente entendibles, si no se aprecia el problema en su integridad, como un todo sincronizado y sistemático hacia una misma finalidad.

Historias breves nació en 1995, como un concurso de cortometrajes destinado a estudiantes de cine, que significó y significa un semillero de nuevos y, en muchos casos, excelentes directores.

Se trata de 10 cortometrajes anuales de aproximadamente 10 minutos cada uno de ellos.

Anualmente, el conjunto de estos cortometrajes se unen en un largometraje a los efectos de la exhibición y se proyectan en salas cinematográficas bajo el título *Historias breves*.

Hasta 2008, esto significaba en la estadística un estreno de una película nacional.

Desde 2008, encontramos que cada cortometraje se presenta como si fuera una película nacional, e *Historias breves* se computa como 10 estrenos. Este es uno de los cambios metodológicos, que abulta artificialmente la estadística y la comparación anual.

10.2.6.4. Con este mecanismo

Entonces, ingresan en la estadística como una misma cosa películas industriales hechas con costos que van desde uno a varios millones de pesos, con cortometrajes subsidiados con $ 10.000, con documentales para TV subsidiados con $ 200.000 y hasta con programas de TV de bajo presupuesto.

10.2.6.5. Por un lado, se modifica el criterio legal de subsidios.
10.2.6.6. Por otro lado

Rápidamente se advierte que con 20.000.000 se pueden subsidiar 10 películas nacionales (con subsidios reducidos), pero con la misma cifra también se pueden subsidiar 100 documentales para TV, que pueden forzarse a estrenar en salas y agigantar los números de la nueva estadística de estrenos.

10.2.6.7. De ese modo, sin anunciarse el cambio

Se comparan la cantidad de estrenos de películas nacionales de años anteriores, con la cantidad de estrenos de ese nuevo combo (que, contrariando la ley, también se lo llama de películas nacionales), generando la falsa sensación de que la producción cinematográfica aumenta, cuando en la realidad disminuye.

10.2.6.8. Al no haberse incluido en las estadísticas anteriores

Ni cortometrajes ni documentales para TV, la estadística pasa a ser falaz, y facilita el ocultamiento del desvío.

10.2.6.9. EL OPERATIVO DE PRENSA

Este mecanismo de modificar la estadística se complementa con el montaje de un formidable departamento de prensa que genera buenas noticias a difundir cada día.

Y ello se complementa a su vez con contratos que permiten percibir mensualidades a periodistas de espectáculos de los medios principales:

Clarín

La Nación

Página 12

Sumado a otros medios especializados y periodistas amigos.

Esos contratos son de publicidad, cuando los periodistas tienen algún medio o algún blog; y, de asesoramiento cuando no lo tienen.

No afirmamos que la publicidad o el asesoramiento no sean éticos. Lo que sí decimos es que cuando un ente ayuda a la economía personal del periodista o de sus emprendimientos, y cuando ello puede cesar en cualquier momento, la crítica se hace más difícil, tal como también les sucede a los propios productores de cine.

Adjuntaremos como Anexo copia de algunos contratos.

10.2.6.10. LA ESTADÍSTICA MODIFICADA

Veamos el siguiente cuadro

10.2.6.10.1. Cuadro 4. Cifras de producción y estrenos

Año	Películas Nacionales producidas según Deisica, Órgano Oficial del SICA - Sindicato de la Industria Cinematográfica Argentina -	Películas Nacionales estrenadas según el INCAA	Porcentual de estrenos con relación a producción
2008	46	71	154%
2009	16	77	481%
2010	14	14	986%
2011	25	25	516%
2012	35	35	414%

10.2.6.11. Las cifras muestran lo imposible

De que esto sea real. Salvo que hubiera de arrastre una producción inconmensurable pendiente de estreno, no se pueden producir 14 películas y estrenar 138, y al año siguiente producir 25 y estrenar 129, y así año a año.

Seguramente el sindicato no tuvo en cuenta el cine cooperativo en su estadística, pero ello no modifica la diferencia enorme existente entre producción real y estrenos informados, máxime en los últimos años en que el cine cooperativo prácticamente ya no existe.

10.2.6.12. Si el sindicato dice la verdad, las estadísticas del INCAA son falaces

Y en realidad, como es notorio, sucede esto último.

10.2.6.13. Y cuando se usan estos números

Para compararlos con los de años anteriores y decir que la producción ha crecido, se comparan estadísticas serias de estrenos de películas nacionales con estadísticas modificadas que incluyen un combo diverso.

10.2.6.14. En los programas

Del colegio primario, nos enseñaban que no se puede sumar peras con manzanas. Y eso es lo que se está haciendo para mostrar una realidad que no es tal y ocultar con ello los desvíos.

10.2.6.15. Y se lanzan los comunicados de Prensa que así lo dicen

10.2.6.16. Y Télam y argentina.ar los repiten y los distribuyen

10.2.6.17. Y los periodistas con mensualidad no los revisan y retranscriben

10.2.6.18. ¿Lo harían distinto si no recibieran una mensualidad del INCAA?

¿Investigarían un poco más e informarían que no se están sumando las mismas cosas?

No lo sabemos, pero lo cierto es que en este esquema, simplemente lo repiten y lo difunden, y con ello se consigue que se tomen en el exterior y se vuelvan a repetir, y la frase de que "repite y repite que así parecerá verdad" ya es muy conocida.

10.2.6.19. Y hasta los periodistas llamados "opositores"

Caen en la falsa lógica de cuestionar que sus "150" películas anuales son excesivas porque la mayoría tiene escasos espectadores. Entonces, pese a la ilegalidad del sistema, el mismo se defiende con comodidad respondiendo que ojalá se pudieran hacer mil, que en todo el mundo sólo las mejores hacen la diferencia y esa base amplia lo hace posible, genera trabajo y forma realizadores.

Con esta modificación estadística se logra que la crítica sea "por hacer mucho cine", no por hacer pocas películas y desviar los fondos como sucede en la realidad, lo que probaremos con las pericias técnicas correspondientes.

Este falaz sistema permite que con tener unas pocas películas taquilleras y algunos premios al año se genere la sensación de que se está viviendo "el mejor momento del cine argentino", y se mantenga oculta la realidad, que se aprecia y probaremos en autos en toda su magnitud.

10.2.6.20. Y a los administradores del INCAA les sirve

Para aparentar que los dineros del Fondo de Fomento Cinematográfico, fueron volcados a la producción como marca la ley.

10.2.7. OTROS MECANISMOS.

10.2.7.1. NO LIQUIDACIÓN DE SUBSIDIOS

10.2.7.1.1. No se ahorra en esfuerzos en aras

De la sincronización de acciones en pos del objetivo.

10.2.7.1.2. Se utilizan mecanismos menores

A los ya vistos, tales como por ejemplo, no liquidar determinados subsidios.

10.2.7.1.3. Así por ejemplo

En diversos casos se dejó de liquidar derecho de antena y lanzamiento ya acordados, que se liquidó a las demás películas en igual situación.

10.2.7.1.4. En varios casos

Se retuvieron arbitrariamente los subsidios para reinversión.

10.2.7.1.5. En el caso del art. 19 de la Resolución 1880/08

Que asegura un subsidio igual al costo a determinadas películas cuyo costo reconocido sea inferior a un millón de pesos, se acordó el concepto en 2008 con la asociación de productores llamada PCI, se anunció enfáticamente, y luego se encontró una interpretación oblicua que la hace inaplicable en el 100% de los casos.

10.2.7.1.6. Ilegalidad de las respuestas

Representando 6 ó 7 casos en esta situación, me apersoné al asesor de Presidencia para mostrarle que no se estaba aplicando a ningún caso, que se trata de temas menores y que se está dejando deudores, ejecutando y dejando fuera de la producción a productores que en realidad son acreedores.

10.2.7.1.7. Luego de coincidir en que debe aplicarse

Nos termina informando que hicieron un análisis del tema, que los casos en que debía aplicarse eran más de 70 y que sumaban cerca de $ 10.000.000. Que en vista de ese análisis la presidenta decidió no aplicarla a ningún caso.

10.2.7.1.8. Argumenté

1. Que ese no es un análisis jurídico para no aplicar una norma vigente.

2. Que de todos modos, la cifra global es irrisoria dentro del Fondo de Fomento.

3. Que también lo es el promedio que corresponde a cada productor.

4. Que en muchos casos ni siquiera hay erogación, porque se los está ejecutando por deudas irreales creadas artificialmente por no aplicar las normas, y simplemente se compensaría.

10.2.7.2. Hasta hoy no logramos que se aplique la propia resolución

Que el INCAA dictó y anunció con pompa ante una demanda de la asociación PCI, y no aplicó nunca.

10.2.7.3. Todas estas cifras pueden parecer muy pequeñas

Frente a los montos desviados, pero todo suma y todo influye. Como alguna vez dijo el Presidente Perón, maíz por maíz, se va comiendo el maizal.

10.2.8. LISTAS NEGRAS

Simultáneamente se utilizan otros caminos con igual sentido.

Entre ellos:

a.   Discriminar a determinadas entidades y personas. Generar listas negras como no había desde 1983.

b.   En algún momento, haberle facilitado a una persona el acceso a toda la información del INCAA para que la deforme y genere falsas denuncias contra productores.

c.   Esa persona, que recibió dicha información de la propia Liliana Mazure, quien le dio libre acceso a tomarla, terminó efectuando denuncias contra la propia Mazure y tomando pantalla de TV, con datos falsos.

10.2.8.1. El forum shopping
10.2.8.1.1. Los juicios artificialmente creados

Se generalizó el juicio contra productores, muchas veces basados en causas artificialmente creadas, tales como costos no reconocidos, subsidios no liquidados o intereses calculados en exceso, que dejan al productor fuera de la producción y, por ende, facilita una vez más el desvío.

10.2.8.1.2. Con discriminación

Se lo hace con discriminación, ejecutando a unos sí y a otros no.

10.2.8.2. Los intereses calculados o reclamados en exceso

Con el mismo fin, se calculan intereses más allá de los vigentes conformes resoluciones del INCAA y/o se reclaman de tal modo, incluso, con aplicaciones contradictorias entre sí.

10.2.8.3. Y a ello se suma el forum shopping

Una práctica que a veces vemos en algunos profesionales, pero impensable verla ejecutada por un ente público, aun cuando es no estatal.

De tal modo, vemos al INCAA iniciar juicios de igual causa, por cobro de supuestas deudas por créditos de fomento y las inicia según los casos:

d. En el Fuero Civil (Oye Conejo SH)

e. En el Fuero Comercial (LACSA)

f. En el Fuero Contencioso Administrativo (Guillermo Szelske)

g. En el Fuero Federal Civil y Comercial

No es admisible que esta práctica –cualquiera sea su objetivo– sea llevada adelante por un ente público.

11. Posibles finalidades del desvío

11.1. Dolo o culpa

Tanto el cumplimiento de la ley como el reintegro del dinero desviado debe hacerse independientemente de si lo actuado fuera doloso o culposo, porque cualquiera de ambas situaciones llevan al mismo resultado.

Pero no son lo mismo.

Y como ha existido dolo, solicitamos que así se determine.

11.2. Dolo

Ya hemos dado ejemplo en cada una de las conductas.

Se ve claramente en el desconocimiento de costos.

En cada acción y hasta expresamente en la mencionada en el parágrafo 6.5.2.1, donde textualmente se insta a utilizar eufemismos en las resoluciones, con el declarado propósito de violar la ley. Complementando ello, a título de ejemplo agregamos como Anexo comunicados oficiales de Télam y del Portal Público de Noticias Argentina.ar, en los cuales se abandonan los eufemismos, se llama telenovelas a las telenovelas y resultan confesorios del incumplimiento de la ley:

- El doble criterio en materia de costos.

- El abandono del criterio de verdad material.

- La discriminación.

- El texto de las respuestas a la AGN.

Todo ello, evidencia el dolo.

11.2.1. Presupuesto publicado y presupuesto real

Ello se refuerza si analizamos que el presupuesto publicado es diferente al real en forma sustancial.

El presupuesto presentado al Congreso Nacional, y aprobado por Ley N° 26895 publicada el 22 de octubre de 2013, es para el INCAA de $ 476.329, agrupando partidas bajo el título "Transferencias corrientes", que aparentan generar una aplicación a subsidios de películas nacionales del 50%.

Dado que el INCAA tiene la facultad legal que ya vimos, de modificar su propio presupuesto, el real con el que el INCAA trabaja y aplica desde los primeros días de enero de 2014 asciende a $ 815.584.758 y destina a subsidios a películas nacionales $ 155.400.000.

Adjunto copia de ambos.

¿Cómo creció en 3 meses un 71%?

Es simple:

- El que se publica es ficticio y aparenta cumplir la ley.

- El que se aplica es el real, que nunca se publica.

- Es este presupuesto el que prevé y se propone *ab initio*, incumplir la ley.

El dolo queda evidenciado en toda su magnitud.

11.2.2. Limitación por partidas

"El Presupuesto,… es el proceso destinado a elaborar, expresar, aprobar, coordinar, ejecutar y evaluar específicamente las corrientes de gastos e ingresos"[50].

"Constituye una limitación cuantitativa y cualitativa de los gastos a efectuar en el ejercicio financiero … El presupuesto define en qué se gastará y hasta qué importe se podrá gastar"[51].

Este concepto de la partida como monto máximo que se prevé gastar en el rubro es esencial para comprender los hechos objeto de autos.

Cuando ya desde el presupuesto se asigna a las partidas productivas montos inferiores a los que la ley prevé, y en consecuencia, a las partidas improductivas o gastos de funcionamiento montos superiores a los que la ley admite, se está previendo desde el inicio el incumplimiento de la ley.

11.2.2.1. Las reglas de la exactitud y de la especificidad

"La norma de que los presupuestos sean veraces tiene suficiente importancia

---

[50] José María Las Heras, *Estado Eficiente - Sistemas de Administración Financiera Gubernamental*, Córdoba, Eudecor, 1999, p. 141.
[51] Adolfo Atchabahian, ob. cit. supra, nota 43, p. 146, parag. c

como para conformar una regla en cuya virtud las partidas presupuestarias deben ser dadas con la mayor exactitud que fuera factible"[52].

El presentar al Congreso un presupuesto distinto al real, y modificarlo en la primera semana de enero, violenta deliberadamente esta regla.

A su vez, con relación a la regla de la especificación, como indica el mismo autor "Como medio de control preventivo... sobre los órganos directivos y ejecutivos, es de rigor que en el presupuesto financiero los gastos dirigidos a atender cada uno de los fines... estén convenientemente divididos y discriminados por conceptos", agregando a su vez que "deben tener designación clara y categórica, que impida imputar gastos de naturaleza diversa"[53].

11.2.3. Antecedentes y declaraciones

La ex presidenta Mazure es una experimentada productora de cine, que conoce, vivió, reclamó y participó en la aplicación de la ley de cine mucho antes de acceder a la presidencia del ente.

Al ser designada en abril de 2008, se desempeñaba como vicepresidenta primera de FAPCA, habiendo suscripto en tal carácter peticiones, que cuando le tocó actuar, nunca cumplimentó.

En efecto, el mes anterior a asumir, en marzo de 2008, Liliana Mazure, en su rol de Vicepresidenta Primera de la Federación de Productores FAPCA, firmó la nota que entre otras cosas exigía:

... La publicación en la Página Web del INCAA de todas las erogaciones efectuadas, con indicación de proyecto, contratación directa, contrato de honorarios u otros motivos al que corresponden dichas erogaciones, monto de las mismas, concepto, beneficiario, persona responsable, número de expediente, cesiones realizadas a terceros y órdenes de pago efectuadas con la titularidad de las mismas así como cualquier otra

---

[52] Adolfo Atchabahian, ob. cit. supra, nota 43, p. 194, parag. e.
[53] Adolfo Atchabahian, ob. cit. supra, nota 43, p. 194, parag. f..

información que sea necesaria para que sean absolutamente claros los destinos de todos los fondos erogados. Dicha publicación deberá efectuarse con el criterio de erogación de caja efectivamente percibida...

Es claro que solo lo aplicó con relación a productores de cine y nunca a los restantes gastos del INCAA, que precisamente, fueron el objeto del desvío.

Son a su vez ilustrativas sus palabras publicadas el 7-7-2013 por *Ámbito Financiero*, cuando dice:

... Liliana Mazure... sobre la política de subsidios también expresó que "acá hay una ley de Cine que dice que de los fondos que el INCAA recauda de las entradas y de un porcentaje de los impuestos que los canales de televisión pagan por la emisión de publicidad, el 50% debe entregarse en calidad de subsidio para el fomento de la producción".

Es una ley de cine cuya primera versión es del año 57, y después fue corregida y modificada en el 2001, con un paso previo en el `96, y fue apoyada por todo el sector... y subrayó que la industria "genera 100.000 puestos de trabajo al año en el país".

Sus palabras marcan la perfecta conciencia sobre sus incumplimientos.

11.3. Finalidad del desvío

11.3.1. ¿Existen fugas de dinero?

Es lícito preguntarnos si estos desvíos son acompañados por fugas de dinero a través de sobreprecios, obras o publicidades no realizadas o comisiones.

Lo que podemos asegurar es que los fondos se malversan incumpliendo las normas de la ley, que establece con precisión qué porcentajes deben destinarse a los distintos rubros productivos y de qué forma.

Existen múltiples sospechas de fugas de dinero y múltiples indicaciones de que ello es así.

11.3.1.1. Excede el marco de esta demanda

Pero a más de no constarnos ello en forma fehaciente, dilucidar la finalidad del desvío de fondos a partidas distintas a las que la ley prevé no es la materia de esta demanda, que persigue el cumplimiento de la ley y el cese de la malversación, en forma independiente de adónde van a parar los dineros desviados, tema que debe la Administración dilucidar, pero que excede el objeto del presente.

Aunque no podemos dejar de expresar que, si bien excede esta acción, es saludable que la propia Administración auto investigue lo que sucede, y si lo hace, estamos dispuestos a colaborar en ello en el 100% de nuestras posibilidades.

12. ACTOS COMPUESTOS, DE EJECUCIÓN CONTINUADA

Como podemos apreciar, no se trata de actos aislados sino de un conjunto de actos complejos, de ejecución continuada, organizados en forma sincronizada y sistemática, que se iniciaron en 2008 y a la fecha no han cesado.

Integra el objeto de esta demanda, reclamar a las nuevas autoridades del ente, que no han participado de su organización y puesta en marcha, que cesen en esta práctica ilegal, y pasen a cumplir la ley de cine y la administración de los fondos que le son confiados, conforme su destino.

12.1. Información pública que fue restringida

Remitimos a lo ya expresado en el capítulo 9*.

---

* Nota del editor: Refiere al capítulo 9 de la demanda.

12.1.1. Los datos y la demanda

Conforme ello y con mucho esfuerzo, finalmente en el mes de enero pasado obtuvimos copia de diversas planillas de presupuesto y de ejecuciones presupuestarias de los años actuales y precedentes.

Ni bien pudimos analizarlas y ver la realidad del desvío, ello posibilitó conocer en su magnitud la situación que describimos. Y con tal información, analizarla en la asamblea de la Asociación que hoy represento, la cual, tras advertir la situación que el Fondo de Fomento Cinematográfico está viviendo y los datos e información que genera su análisis, decidió la promoción de esta demanda.

12.2. Actos aislados y organización sistemática

Comprender lo que sucedía no fue tarea sencilla.

La buena fe se presume y, en una primera etapa, el productor aprecia actos aislados que lógicamente considera "errores" que van a ser corregidos.

Solo el poder ver todo lo sucedido y la evolución de la ejecución presupuestaria permitió comprender lo que fue una organización sistemática, que abusó de la lógica presunción de buena fe.

En esa situación, cuando los productores fueron viendo cada acto aisladamente, al ir viéndolos de a uno, se opusieron, los vieron injustos, no advirtiendo en realidad por qué carecía de sentido el comportamiento del INCAA y sus funcionarios.

Solo cuando se aprecia la actitud sistemática hacia el desvío de fondos, cobra sentido y comprensión cada uno de los incumplimientos.

Cómo fueron viviendo los productores cada caso:

a. Se encontraron primero con la descentralización de funciones y una Gerencia General que no cumple su rol. La Gerencia de Fomento se va vaciando de contenido. Puede ser una mala administración.

b.   Los costos se desconocen con absurdos. Expliquemos y entonces ellos razonarán y corregirán sus errores.

c.   Las normas se dictan diciendo que se aplicarán retroactivamente. La ley prohíbe hacerlo en contra del productor. Seguramente no lo harán.

d.   Las aplican retroactivamente en contra del productor. Hablemos con la Gerencia de Asuntos Jurídicos. Les explicará su error.

e.   La burocratización creciente destroza la cadena productiva. Hablemos con la Gerencia de Fomento. No lo va a permitir.

f.   Los pagos se fraccionan y eso impide aplicarlos correcta y productivamente. Hablemos con la Gerencia de administración para que lo solucione.

g.   El reconocimiento de costos ya no es tal, sino una máquina de desconocerlos arbitrariamente. No es lógico. Lo comprenderán y no avalarán esos actos. Es un error. Expliquémoslo.

h.   Los dictámenes de la Gerencia de Asuntos Jurídicos son contradictorios entre sí. Hablémoslo y expliquémoslo. Entonces lo van a comprender y a corregir.

i.   La presidenta hoy saliente del INCAA grita, se expresa soezmente y echa a los productores y directores de cine. Tiene mal carácter. Seamos pacientes.

j.   El pasaje aéreo que nos entregan de Maynar Travel dice US$ 4.900 por un pasaje a México en clase económica, cuando su valor de mercado apenas supera los US$ 1.000. Se gasta mucho.

k.   La publicidad contratada a The Art Bureau, o 722 Media Group SA, no se concreta en la realidad. Ya nos pasaba antes con la empresa anterior. Faltan controles.

l.   Nos hablan como si estuvieran hechas, acerca de obras y reformas que no vemos realizadas. Ya las harán.

m.   El Garaje alquilado para cinemateca está fuera de zona y no parece apropiado. ¿Quién lo habrá contratado?

n. Se sobreabunda en cambios de mobiliario. Cambian los muebles varias veces al año.

o. Se tercerizan innecesariamente las contrataciones. Tienen mucho trabajo.

p. Vuelven a pedir, innecesariamente, algo más. Mi película nunca completa sus trámites. Hay que hablar para que disminuyan la burocracia.

q. El costo medio está muy retrasado. Mostrémosles los cálculos y comprenderán que están equivocados.

r. Nos niegan información que debe ser pública. Eso no está bien. Pidamos una reunión.

s. La reunión se posterga indefinidamente. Reclamemos.

Y así sucesivamente, cada uno de estos actos en forma aislada es tratado como un desvío circunstancial y corregible.

El paso del tiempo, y la vista del conjunto, van permitiendo apreciar que no se trata de actos aislados, sino de una conducta sistemática y organizada.

No se trata de actos aislados, sino de un hecho complejo y continuado, que ya lleva varios años y no ha cesado.

Parece tarde. Las sumas de dinero desviadas son importantes. Pero nunca es tarde. Hay nuevas autoridades que no tienen estos vicios. Logremos que se corrija desde hoy. Y veamos y reparemos lo que ya sucedió. Este es el sentido real de esta demanda.

13. LIQUIDACIÓN

Con relación al punto de partida de la etapa de autonomía económica y financiera, 2002, utilizamos los datos del presupuesto comprometido y ejecutado, lo que facilita tener claro de dónde se partió, cuando el Decreto 1536/02 restituyó la autonomía económica y financiera.

Con relación al presupuesto 2014, utilizamos tanto la información de la Ley de

Presupuesto N° 26895, como las planillas de ejecución presupuestaria de inicio de año, lo cual es razonable a la altura del año en que nos encontramos*.

Ahora bien, cuando queremos analizar la magnitud de los desvíos, debiéramos contar con la ejecución presupuestaria al inicio y cierre de cada ejercicio, lo cual, ante el ilegal secreto en la información del ente a la ciudadanía y a los propios beneficiarios del Fondo que administra, con mucho esfuerzo solo logramos acceder a distintas etapas de ejecución presupuestaria y modificaciones de presupuesto a lo largo de cada año, pero no con las de inicio y cierre.

A su vez, para contar con cifras uniformadas y homogéneas, hemos utilizado el parámetro que utiliza el INCAA a los efectos del cobro de sus aranceles, o sea, el costo medio de la entrada de cine publicado por el INCAA, conforme Resoluciones 2114/11 y concordantes, actualmente $ 37,62.

En los años previos a dichas resoluciones, sobre la base de las Estadísticas informadas por el INCAA, calculadas de igual modo al previsto en las reglamentaciones del INCAA.

Desde el punto de vista temporal, limitamos el reclamo a los años en que se inició el complejo de hechos sistemático y organizado descripto, que no ha cesado aún, o sea, desde 2008 y hasta que cese el desvío ilegal.

Por todo lo expuesto, las reales cifras del desvío se podrán calcular con la pericia contable, no siendo posible hacerlo con exactitud, antes de que se realice la misma.

Ahora bien. Las normas procesales nos imponen estimar el monto de la demanda.

Con los datos con que contamos y limitaciones expuestas, los estimamos conforme lo siguiente:

- Montos desviados de la partida de subsidios a la producción de películas nacionales. Equivalente a 14.689.607 entradas de cine. Monto actual $ 552.623.017,60.

---

* Nota del editor: Refiere al mes de febrero de 2014, fecha de presentación de la demanda.

• Montos desviados de la partida de recupero de créditos. Equivalente a 6.392.130 entradas de cine. Monto actual $ 240.471.924,90.

• Montos desviados de la partida de recupero de intereses. Equivalente a 361.588 entradas de cine. Monto actual $ 13.602.935,61.

• Montos desviados para aplicación a actividades prohibidas por la ley (programas de TV y Telenovelas o desvíos a la TV de partidas de subsidios destinadas por la ley a la producción de películas nacionales). Equivalente a 4.810.445 entradas de cine. Monto actual $ 180.968.935,20.

• Montos desviados por exceder el límite legal a la partida de concursos de coparticipación. Equivalente a 1.282.370 entradas de cine. Monto actual $ 48.242.763,57.

• Total $ 1.035.909.572,92, o lo que en más o en menos surja de las probanzas de autos, calculado en el modo preindicado al momento en que se produzca la efectiva restitución de los montos desviados.

Se demanda el reintegro de la suma que resulte de la pericia a practicarse en autos al Fondo de Fomento Cinematográfico, conforme el valor de la entrada promedio al momento del efectivo reintegro, que deberán administrarse en favor de los beneficiarios del mismo que resultaron perjudicados por el desvío, en la proporción que surja de la pericia preindicada, conforme los perjuicios por la disminución de fondos y presupuestos en las películas nacionales o en coproducción de largometraje producidas, como en la pérdida de producir, y por los daños causados a los demás beneficiarios por las medidas y desvíos ilegales habidos.

13.1. Límites al reclamo

Tratándose de una acción de clase, quedarán incluidas todas aquellas personas físicas o jurídicas que como beneficiarios del Fondo de Fomento Cinematográfico consideren que pudieran tener un interés en el resultado de la presente acción, que opten por la alternativa de comparecer en la causa, y así sean admitidos.

Limitamos de este modo la demanda, por su naturaleza, exclusivamente a los daños homogéneos que hacen al colectivo demandante, o sea, a la restitución a dicho colectivo de los fondos desviados.

No constituye el objeto de esta demanda el reclamo individual por los daños y perjuicios específicos causados a cada beneficiario, cuyo reclamo queda al arbitrio de cada uno de ellos, en las causas individuales que decidan iniciar en la medida que por sus propias circunstancias tengan daños específicos distintos a los aquí demandados (v.g. al solo efecto indicativo, daños específicos causados por el desconocimiento de costos o el retraso de los procedimientos), cuyos derechos quedan reservados por no integrar el objeto de la presente demanda.

14. PRUEBA

Para un mejor ordenamiento procesal, ofreceremos la misma en escrito separado.

15. ACCIÓN DE CLASE

I.   Trata esta demanda del incumplimiento de la ley en forma sistemática, organizada y consecuente a lo largo del tiempo, desviando fondos para fines distintos a los cuales le fueron confiados.

II.   Utiliza a tal fin distintos mecanismos que ya fueron descriptos, generando con ello perjuicios de similar naturaleza a un conjunto de personas físicas y jurídicas.

III.   Teniendo presente que la acción de clase en nuestro país tiene raigambre constitucional, receptada jurisprudencialmente su operatividad pero aún no reglamentada por ley, a fin de evitar cualquier duda en la legitimación para obrar en autos, iniciamos esta acción en nombre y representación de la asociación sin fines de lucro que representamos, y de las empresas pre mencionadas que se presentan como coreclamantes.

IV. A su vez, lo hacemos simultáneamente en los términos previstos por nuestra Corte Suprema en su Sentencia del 24 de febrero de 2009, dictada en el caso "Halabi, Ernesto c/ P.E.N. - ley 25.873 - dto. 1563/04 s/ amparo ley 16.986", en el sentido de la operatividad de los derechos prescriptos por el art. 43 de la Constitución Nacional, receptando la acción de clase, aún no reglamentada por el Congreso de la Nación, indicando que la mora legislativa no afecta la implementación de los derechos, operatividad ya receptada por la Sala II de la Cámara Nacional de Apelaciones en lo Contencioso Administrativo Federal, en la misma causa en la sentencia que la Corte, con amplios y precisos fundamentos, ha confirmado.

V.   Resulta claro que la legitimación que surge de la personería invocada *infra*, no excluye "la incidencia colectiva de la afectación a la luz del 2° párrafo del art. 43 de la Constitución Nacional".

VI. En tal sentido, estamos en autos frente a un caso de "incidencia colectiva referente a intereses individuales homogéneos".

VII. Existe caso por cuanto el incumplimiento sistemático del orden normativo implica tanto una afectación actual y directa en los distintos aspectos de la producción cinematográfica, incluyendo el económico, amén de implicar también la amenaza de numerosas lesiones futuras causalmente previsibles.

VIII. Que tal como la Constitución Nacional admite en el segundo párrafo del art. 43 y recepta la Corte en el fallo citado, no se trata en autos de "un bien colectivo, ya que se afectan derechos individuales enteramente divisibles". Sin embargo, la base de esta demanda implica un complejo único de hechos, de efectos actuales por una parte y, a su vez, continuados que provocan "la lesión a todos ellos y por lo tanto es identificable una causa fáctica homogénea".

IX. A su vez, "la demostración de los presupuestos de la pretensión es común a todos esos intereses, excepto en lo que concierne al daño que individualmente se sufre", con la salvedad de que demandamos solamente la reparación de los daños homogéneos y no de los individuales diferenciados que será potestad de cada perjudicado el demandarlos por separado si los tuvieren, por lo cual la homogeneidad fáctica en esta instancia es completa.

X. En consecuencia, hay en el caso "una homogeneidad fáctica y normativa" que lleva a considerar razonable la realización de una sola demanda con efectos expansivos de la resolución que en él se dicte, salvo en lo que hace al reclamo del daño individual que no integra la presente acción, pero teniendo en cuenta que si se corrige el rumbo por parte de los demandados, tal daño habrá sido disminuido, con beneficio para los intereses individuales y simultáneamente para los del conjunto.

XI. Destaca la Corte en la misma causa "que no hay en nuestro derecho una ley que reglamente el ejercicio efectivo de las denominadas acciones de clase", pero que esa falta de legislación, que constituye "una mora que el legislador debe solucionar cuanto antes sea posible", no obsta al hecho que la referida "disposición constitucional es claramente operativa y es obligación... darle eficacia, cuando se aporta nítida evidencia sobre la afectación de un derecho fundamental". Reitera la Corte el principio "que donde hay un derecho hay un remedio legal para hacerlo valer toda vez que sea desconocido; principio del que ha nacido la acción de amparo, pues las garantías constitucionales existen y protegen a los individuos por el solo hecho de estar en la Constitución e independientemente de sus leyes reglamentarias, cuyas limitaciones no pueden constituir obstáculo para la vigencia efectiva de dichas garantías (Fallos: 239:459; 241:291 y 315:1492)".

XII. Indica también al referirse a la acción de clase que "La eficacia de las garantías sustantivas y procesales debe ser armonizada con el ejercicio individual de los derechos que la Constitución también protege como derivación de la tutela de la propiedad, del contrato, de la libertad de comercio, del derecho de trabajar, y la esfera privada, todos derechos de ejercicio privado".

XIII. Se dan en el caso los requisitos indicados en dicho fallo, a saber:

a. Existe una causa fáctica común, que es el desvío de los fondos de los fines que la ley asigna. Es este un conjunto complejo de hechos "que causa una lesión a una pluralidad relevante de derechos individuales".

b. La pretensión procesal de autos está enfocada en el aspecto colectivo de los efectos de ese hecho. En efecto, la pretensión de autos está concentrada "en los efectos comunes y no en lo que cada individuo puede peticionar". La pretensión de autos no se relaciona con el daño diferenciado que cada afectado "sufre en su esfera, sino con los elementos homogéneos que tiene esa pluralidad de sujetos al estar afectados por un mismo hecho".

c. El ejercicio individual de esta demanda por cada uno de los afectados en forma separada no aparece justificado, implicando un dispendio de actividad judicial, decenas o centenas de casos homogéneos a ser tratados individualmente y la repetición de los mismos pasos, las mismas pruebas, frente a una problemática que resulta común a todos ellos, sin diferencia alguna, más que la dimensión de los daños causados, dimensión que hemos decidido no reclamar en autos, para centrarnos solo en los daños homogéneos y evitar la dispersión y la multiplicación de los reclamos en la causa.

d.   Se agrega ello al "fuerte interés estatal en su protección", ya que resulta inconcebible que fondos públicos sostengan un fondo de fomento que no cumpla su cometido de fomentar la producción para la cual fue creado.

XIV. Continúa la Corte diciendo que

… las garantías individuales existen y protegen a los individuos por el solo hecho de estar consagradas por la Constitución e independientemente de las leyes reglamentarias … En apoyo de tal afirmación, esta Corte sostuvo que ya a fines del siglo XIX señalaba Joaquín V. González: "No son, como puede creerse, las 'declaraciones, derechos y garantías', simples fórmulas teóricas: cada uno de los artículos y cláusulas que las contienen poseen fuerza obligatoria para los individuos, para las autoridades y para toda la Nación. Los jueces deben aplicarla en la plenitud de su sentido, sin alterar o debilitar con vagas interpretaciones o ambigüedades la expresa significación de su texto. Porque son la defensa personal, el patrimonio inalterable que hace de cada hombre, ciudadano o no, un ser libre e independiente dentro de la Nación Argentina" ("Manual de la Constitución argentina", en *Obras completas*, vol. 3, Buenos Aires, 1935, núm. 82; confr., además, núm. 89 y 90). Los preceptos constitucionales tanto como la experiencia institucional del país reclaman de consuno el goce y ejercicio pleno de las garantías individuales para la efectiva vigencia del Estado de derecho e imponen a los jueces el deber de asegurarlas (confr. causa "Siri", Fallos: 239:459).

XV. No podemos dejar de mencionar los antecedentes de derecho comparado que receptan la acción de clase con diversos alcances, conforme cita la Corte, en especial:

a. ... en los Estados Unidos de Norteamérica, a partir de las directivas del Bill of peace del siglo XVII, mediante la labor jurisprudencial, se ha delineado la institución de las class actions cuya definición conceptual quedó plasmada en las Federal Rules of Civil Procedure de 1938 y que ha experimentado una evolución posterior mediante numerosas decisiones judiciales hasta obtener contornos más precisos en las Federal Rules de 1966.

b. La regulación vigente en España que, aunque circunscripta al ámbito de los consumidores y de los usuarios, presenta una singular solución para los problemas que generan la participación, la legitimación procesal y los alcances de las decisiones en las demandas de contenido colectivo. ... la Ley de Enjuiciamiento Civil española (n° 1 del 7 de enero de 2000; BOE núm. 7, del 8 de enero de 2000, pág. 575-728, corrección de errores BOE núm. 90, del 14 de abril de 2000, pág. 15278 y BOE núm. 180, del 28 de julio de 2001, pág. 27746).

c. ... el ordenamiento legal de Brasil prevé una acción civil colectiva de responsabilidad por daños individualmente sufridos cuya articulación puede ser ejercida en juicio en forma individual o a título colectivo. ... (arts. 81, 91 y ss. del Código de Defensa del Consumidor, ley 8078, del 11 de septiembre de 1990).

XVI. A su vez, en lo

... referente al derecho argentino, esta Corte ha advertido en otras ocasiones que el propio texto constitucional autoriza el ejercicio de las acciones apropiadas para la defensa de intereses colectivos con prescindencia de las figuras expresamente diseñadas en él o en las normas procesales vigentes. Es oportuno recordar, en ese sentido que, al interpretar el ya tantas veces mencionado art. 43 de la Constitución Nacional, el Tribunal admitió que la protección judicial efectiva no se reduce únicamente al amparo *estrictu sensu* sino que es susceptible de extenderse a otro tipo de remedios procesales de carácter general como en esa ocasión el hábeas corpus colectivo, pues es lógico suponer que si se reconoce la tutela colectiva de los derechos citados en el párrafo segundo, con igual o mayor razón la Constitución otorga las mismas herramientas a un bien jurídico de valor prioritario y del que se ocupa en especial, no precisamente para reducir o acotar su tutela sino para privilegiarla (Fallos: 328:1146, considerandos 15 y 16).

XVII. Sobre los requisitos establecidos por la Corte en el mismo fallo, señalamos:

a.   La precisa identificación del grupo o colectivo afectado: Resulta claro: Todos los beneficiarios del Fondo de Fomento Cinematográfico, ya descriptos a lo largo de este escrito de inicio.

b.   La idoneidad de quien pretenda asumir su representación: No corresponde al letrado suscripto argumentar sobre su idoneidad. Agrego por separado algunos breves aspectos de su currículum que permiten analizarla.

c.   La existencia de un planteo que involucre, por sobre los aspectos individuales, cuestiones de hecho y de derecho que sean comunes y homogéneas a todo el colectivo. Este requisito ya fue suficientemente desarrollado, amén de surgir del propio tenor de la demanda.

XVIII.Sentado todo ello, y dejada debida constancia que todas las transcripciones entrecomilladas pertenecen al citado caso "Halabi", solicito se trate esta acción como acción de clase.

16. PETITORIO

Por todo lo expuesto a V.S. solicitamos

i. Por presentado, parte y por constituido el domicilio

ii. Se cumplan los trámites de ley

iii. Oportunamente se haga lugar a la demanda, con costas

Proveer de conformidad

SERÁ JUSTICIA

Luis Barone   Dr. Oscar Marcos Azar
                                    Abogado
                            CPA To. 22 Fo. 318

Apéndices

APÉNDICE 1

Industrias culturales, industrias creativas e industrias del *copyright*

Industrias creativas. El concepto de industrias creativas, popularizado en 2001 por John Howkins[54], no es sinónimo de industrias culturales, sino que, acercándose al concepto anglosajón de industrias del *copyright*, tiene un mayor alcance[55], incluyendo a la totalidad de las industrias basadas en la creación, la labor y la propiedad intelectual.

Industrias culturales. Muchos de nuestros autores encuentran impedimento para apartarse del concepto más tradicional de industrias culturales – concepto que proviene de la escuela de Frankfurt de las décadas de 1930 y 1940[56] – que lleva implícito el divorcio entre cultura y economía, excluyendo actualmente, por ejemplo, a desarrollos innovadores como el *software*, sin admitir ni comprender que, como creación humana, también forma parte del desarrollo cultural.

O buscan diferenciar las industrias culturales de las industrias del entretenimiento, altamente emparentadas, centrando su análisis en discusiones teóricas que dificultan el avance de políticas públicas que permitan liberar la creatividad, desarrollo y crecimiento de nuestros habitantes y, por ende, de nuestros países.

Industrias del *copyright*. Distinto es el concepto anglosajón de industrias del *copyright*, que al basarse en quien tiene el derecho de copia o reproducción y por ende comercialización, centra su atención en el desarrollo industrial por sobre el derecho del creador, sin descartar la íntima relación existente entre cultura, industria y desarrollo[57].

---

[54] PNUD, ob. cit. supra, nota 18, p. 20.

[55] UNESCO, Comprender las industrias creativas. Las estadísticas como apoyo a las políticas públicas. p. 1.

[56] PNUD, ob. cit. supra, nota 18, p. 20.

[57] Ya en 1929, el Presidente Hoover dijo: "Los Estados Unidos han vendido en el mundo más refrigeradores por efecto del cine que por la propia acción de los fabricantes".

Si vemos el efecto que logra esta concepción que no nace protegiendo al creador sino al desarrollo industrial, nadie podría decir que el creador se encuentra más postergado que en los países latinoamericanos o continentales europeos.

Desde el punto de vista individual del creador, basta con observar el posicionamiento y reconocimiento que obtiene un escritor, un emprendedor, un desarrollador de *software*, un actor, un compositor o un director teatral en los países del *copyright*, generalmente muy superior al de los países limitados por los conceptos de industria cultural.

Desde el punto de vista de la sociedad, es imposible dejar de apreciar que el cine norteamericano, su desarrollo en *software*, sus puestas en escena teatrales, sus videojuegos o su música han llevado la cultura norteamericana a los cuatro puntos cardinales de la Tierra, en forma mucho más efectiva que la de los países que siguen discutiendo si el entretenimiento es cultura o si el *software* es una industria cultural.

La terminología no ha desarrollado un rol inocuo en nuestros países, sino que con fuertes condicionamientos ideológicos y de posicionamiento ha sido objeto de intensos debates entre los expertos, que no han tenido un efecto positivo en nuestro desarrollo, sino más bien paralizante.

Pensamos que ya es hora de centrarnos en la realidad, en las políticas públicas imprescindibles, en políticas de estado con objetivos claros de corto, mediano y largo plazo, en el desarrollo de nuestra creatividad encausada hacia el crecimiento, que es lo que lleva a mayor y mejor empleo, a mejores recursos, al crecimiento personal y social de nuestros habitantes y a un mejor país para nuestros niños, para nuestros jóvenes y para las generaciones futuras.

APÉNDICE 2

Acerca del Autor

El Dr. Oscar Marcos Azar se dedica al asesoramiento legal y se especializa desde 1980 en derecho de cine. Ha sido incluido entre las 10 personas más influyentes que marcan el rumbo del cine argentino por la Revista Haciendo Cine, tras la encuesta realizada en la comunidad cinematográfica argentina, siendo referente necesario en todo análisis del desarrollo de esta industria.

Ha sido asesor en más de quinientas (500) películas argentinas e iberoamericanas. En una gran parte de ellas ha participado también como coproductor.

Su trabajo nace en la actividad académica, diploma de honor de la Universidad de Buenos Aires, ha sido a lo largo de su actuación, Profesor Titular de Cátedra en el Doctorado en Derecho Internacional Privado, así como profesor de grado en distintas Universidades privadas y nacionales, con más de 35 años en la actividad fue autor o coautor de los decretos y reglamentaciones que hoy rigen la cinematografía a nivel nacional, tales como la reglamentación de la actual ley de cine, la creación del actual subsidio por medios electrónicos, el recupero para el cine de sus fondos genuinos, las actuaciones que posibilitaron el surgimiento del llamado "nuevo cine argentino", el decreto que restablece la autarquía financiera y económica que posibilita el actual presupuesto y flujo de fondos del INCAA, decretos y resoluciones que retornaron al INCAA los antiguos aportes al Tesoro, decretos y resoluciones que posibilitaron el pago de la deuda en favor de la producción, resolución que resolvió los problemas generados por la hiperinflación, Ley de derecho de autor para el director de cine, entre otras.

Se desempeñó a lo largo de su actuación en calidad de asesor legal de las provincias de Formosa y Buenos Aires en las primeras reuniones de la Asamblea Federal del INCAA, Secretario General y socio fundador de la Federación Argentina de Productores (FAPCA), miembro de las Comisiones Directivas de la Asociación de Productores Independientes (APRI), de la Asociación de Realizadores y Productores de Artes Audiovisuales

(ARPROART), de la Asociación de Directores de Cine (AADC), de la Asociación de Directores Independientes (DIC) y de la Asociación de Productores de Cine para la Infancia (APCI).

Entre los directores en cuyas películas ha participado o coproducido, sea por convocatoria del productor o del propio director podemos mencionar a:

Adolfo Aristarain, Adrian Caetano, Alberto Gerardo Arazi, Alberto Lecchi, Alcides Chiesa, Alejandro Agresti, Alejandro Chomski, Alejandro Encinas, Alejandro Malowicki, Alejo Taube, Alfonso Arau, Aluizio Abranchez, Álvaro Fontana, Amín Yoma, Anahí Berneri, Aníbal Di Salvo, Aníbal Uset, Antonio González Vigil, Antonio Hernández, Antonio Ottone, Arturo Ripstein, Avner Benaim

Baltasar Tokman, Bebe Kamin, Bernardo Javier Correa, Betty Kaplan, Blas Eloy Martínez

Carlos Galettini, Carlos Kaimakamian Carrau, Carlos Lozano Dana, Carlos Martínez, Carlos Orgambide, Carlos Oves, Carlos Saura

César Dangiolillo, Ciro Cappellari, Cristiane D'Amato

Daniel Burak, Daniel Ritto, Darío Arcella, David Marques, Diego Curubeto, Diego Gachassin, Diego Kaplan, Diego Muziak, Diego Rafecas, Diego Yaker, Dody Scheuer

Edgardo Cabeza, Edmund Valladares, Edmundo Rodríguez, Eduardo Calcagno, Eduardo Capilla, Eduardo Milewicz, Eduardo Montes Bradley, Eduardo Raspo, Eduardo Spagnuolo, Eliseo Subiela, Enrique Aguilar, Enrique Gabriel, Enrique Muzio, Ernesto Aguilar, Esteban Sapir, Ezio Massa

Facundo Rámilo, Federico Urioste, Fermín Álvarez Rivera, Fernando Musa, Fernando Regalado, Fito Páez, Francisco D´Intino

Gabriel Arbos, Gabriel Arregui, Gabriel González Condron, Gabriel Retes, Gastón Duprat, Gastón Ocampo, Gerardo Herrero, Gerardo Vallejo, Gianfranco Quattrini, Guido Rossetti, Guillermo Roig, Gustavo Corrado

Henrique de Freitas Lima, Hernán Gustavo Andrade, Hernán Román, Horacio Correa, Horacio Muschietti, Hugo Lescano, Hugo Rodríguez, Hugo Santiago

Imanol Arias, Inés Oliveira Cézar, Ivan Entel, Izabel Jaguaribe

Jaime Chavarri, Javier Díaz, Javier Torre, Jorge Coscia, Jorge Dyszel, Jorge Giannoni, Jorge Polaco, Jorge Pstyga, Jorge Roca, Jorge Salvador, José Luis Marqués, José Miguel Juárez, Juan Carlos Desanzo, Juan J. Stagnaro, Juan José Jusid, Juan Manuel Jiménez, Juan Raad, Julio Cardoso

Laura Bondarevsky, Leo Ricagni, Leonardo Favio, Leyla Grumberg, Liliana Mazure, Liliana Romero, Lucas Brunetto, Luis Barone, Luis Palomares, Luis Sampieri, Luis Vera

Magadalena Mastromarino, Mahmoud Kalarí, Manane Rodríguez, Manolo González, Marcelo Mangone, Marcelo Páez, Marcelo Schapces, Marcos Carnevale, Marcos Loayza, Marcos Zurinaga, María Victoria Menis, Mariana Arrutti, Mariano Cohn, Mariano Galperín, Mariano Mucci, Mariano Torres Manzur, Mario Levín, Mario Sábato, Martín Sastre, Martín Schor, Matilde Michanié, Mausi Martínez, Maximiliano González, Miguel Mato, Miguel Miño, Miguel Pereira, Miguel Rodríguez Arias

Nemesio Juárez, Néstor Lescovich, Néstor Montalbano, Nicolás Entel, Norman Ruiz,

Ofelia Escasany, Oliverio Torre, Olivia Guimaraes Castro, Oscar Aizpeolea, Osvaldo Andechaga

Pablo Cesar, Pablo Douchinsky, Pablo Fendrik, Pablo Nisenson, Pablo Sofovich, Pablo Torre, Pablo Trapero, Patricio Coll, Paula de Luque, Paula Siero, Pedro Stocki, Poli Nardi

Rafael Filipelli, Ramiro García, Raúl de la Torre, Ricardo Becher, Ricardo Berretta, Ricardo Wullicher, Roberto Ferro, Roberto Maiocco, Rodolfo Carnevale, Rodolfo Durán, Rodolfo Mórtola, Rodrigo Espina, Rodrigo Moscoso, Rodrigo Triana, Rolando Pardo, Rolo Pereira, Roly Santos, Romina Richi, Rubén Estrella, Rubén Stella

Sabrina Farji, Sandra Gugliotta, Sebastián Faena, Sergio Bellotti, Sergio Bizzio, Silvio Fischbein, Susana Tozzi

Ulises Rosell

Verónica Chen, Víctor Cruz, Víctor Dinenzon, Víctor González, Víctor Laplace, Víctor Olivo, Víctor Ramos, Víctor Ruiz

APÉNDICE 3

El futuro

Esperamos con esta publicación haber acercado a la sociedad un análisis de diagnóstico y propuestas acerca del futuro del cine argentino y su inserción como parte indivisible del futuro del país.

Aspiramos a profundizar el debate, a que esta publicación se convierta en el motor de nuevas propuestas, en la base para el desarrollo de acciones concretas en bienestar de nuestro cine y de la sociedad toda.

Convocamos al autor y a la comunidad cinematográfica toda a profundizar este trabajo.

Si logramos generar la inquietud en este sentido, nuestra misión habrá sido cumplida.

Ezio Massa
Presidente de la Asociación Argentina de Directores de Cine.

Índice temático

Índice temático

www.ingramcontent.com/pod-product-compliance
Lightning Source LLC
Chambersburg PA
CBHW051213170526
45166CB00005B/1876